历史的丰碑

丛书

政治家卷

俄国近代化之父
彼得一世

张 茵 编著

吉林人民出版社

图书在版编目(CIP)数据

俄国近代化之父——彼得一世 / 张茵编著 . -- 长春
: 吉林人民出版社，2011.4（2021.8 重印）
（历史的丰碑丛书）
ISBN 978-7-206-07582-7

Ⅰ.①俄… Ⅱ.①张… Ⅲ.①彼得一世（1672 ～
1725）—生平事迹—青年读物②彼得一世（1672 ～ 1725）—
生平事迹—少年读物Ⅳ.① K835.127=4

中国版本图书馆 CIP 数据核字 (2011) 第 039408 号

俄国近代化之父　彼得一世
EGUO JINDAIHUA ZHI FU　BIDE YISHI

编　著:张　茵
责任编辑:张文君　　　　封面设计:孙浩瀚
制　作:吉林人民出版社图文设计印务中心
吉林人民出版社出版 发行（长春市人民大街7548号　邮政编码:130022）
印　刷:北京一鑫印务有限责任公司
开　本:787mm×1092mm　　1/16
印　张:8　　　　字　数:72千字
标准书号:ISBN 978-7-206-07582-7
版　次:2011年4月第1版　　印　次:2021年8月第2次印刷
定　价:35.00元

如发现印装质量问题,影响阅读,请与出版社联系调换。

编者的话

　　"欲知大道，必先为史"。

　　回溯人类的足迹，人们首先看到的总是那些在其各自背景和时点上标志着社会高度和进步里程的伟大人物。他们是历史的丰碑，是后世之鉴。

　　黑格尔说："无疑，一个时代的杰出个人是特性，一般说来，就反映了这个时代的总的精神。"普希金说："跟随伟大人物的思想是一门引人入胜的科学。"

　　以史为鉴，面向未来。作为21世纪的继往开来者，我们觉得，在知史基础上具有宽广的知识结构、开阔的胸襟和敏锐的洞察力应是首要的素质要求，而在历史的大背景中追寻丰碑人物的思想、风范和足迹，应是知史的捷径。

考虑到现代人时间的宝贵，我们期盼以尽量精短的篇幅容纳尽量丰富的信息，展现尽量宏大的历史画卷和历史规律。为此，我们编撰了这套丛书。

编撰丛书的过程，也是纵览历代风云、伴随伟人心路、吸收历史营养的过程。沉心于书页，我们随处感受着各历史时期伟大人物所体现的推动历史进步的人类征服力量。我们随着伟人命运及事业的坎坷与辉煌而悲喜，为他们思想的深邃精湛、行为的大气脱俗而会意感慨、拍案叫绝。

然而，在思想开始远游和精神获得享受的同时，我们也随之感受到历史脚步的沉重和历史过程的曲折。社会每前进一步都是艰难的，都伴随着巨大的痛苦和付出。历史的伟大在于它最终走向进步，最终在血污中诞生了鲜活的"婴孩"。

历史有继承性和局限性，不能凭空创造。伟人也有血肉，他们的思想、行为因此注定了同样具有历史的局限性和阶级的、时代的烙印；他们的功业建立于千千万万广大人民群众伟大创造的基础上。历史是人民群众创造的，伟大的人物们是历史和时代造就的。同时，我们也无法否定此间他们个人的努力。这也正是我们编撰这套丛书的目的。

我们期盼着这套丛书得到社会的认同，对读者，特别是青少年读者之历史感、成就感和使命感的培养有所裨益。史海浩瀚，群

◆ **历史的丰碑丛书**

星璀璨。我们以对广大青少年读者负责的精
神，精心遴选，以助力青少年成长进步，集
结出版了《历史的丰碑》系列丛书，敬请读
者批评、指正。

历史的丰碑丛书

编 委 会

策　划：　胡维革　　吴铁光

　　　　　　林　巍　　冯子龙

主　编：　胡维革　　邢万生

副主编：　贾淑文　　谷艳秋

编　委：　（按姓氏笔画为序）

　　　　　　于二辉　　刘士琳

　　　　　　刘文辉　　孙建军

　　　　　　李艳萍　　吴兰萍

　　　　　　杨九屹　　隋　军

彼得一世又称彼得大帝，是俄国历史上一个起过重大作用的人物。作为皇帝、国务活动家、战略家、海军统帅和外交家，彼得大帝同时亦是一名开拓型的革新家。恩格斯称之为"真正的伟人"。为使国家富强他征服了亚速海，征服了黑海，夺取了波罗的海出海口及其东南沿岸的广大地区，打通了通向西方先进国家的大门，又在内政机构、工商业领域和文化教育方面实行了一系列的改革。他开办了第一批各类学校，建立了第一所科学院，创办了第一座博物馆和公共图书馆，辟建了第一批公共剧场和公园……彼得的改革巩固了俄国封建贵族的统治，对整个俄罗斯民族产生了巨大推动作用，使俄国走上了迅速发展经济、政治、文化的道路，把俄国从落后的内陆国变成了海上强国。

目　录

历史的丰碑丛书

少年和青年时代

> 做战士要做伟大的沙皇的战士，当沙皇
> 也要当伟大战士的沙皇。
>
> ——彼得

　　1672年5月30日，克里姆林宫内圣母升天大教堂上的巨钟"当当"响起，随之莫斯科各教堂和修道院的几百口大钟也响了起来，祈祷之声不绝于耳，全城沉浸在一片欢乐的节日气氛中。原来老沙皇阿列克谢·米哈伊洛维奇又喜添一王子。小王子取名彼得，沙皇对他是分外喜欢。因为他已辞世的第一个妻子玛丽亚·伊利尼奇娜·米洛斯拉夫斯卡娅虽生了5个儿子，可有3个早夭。长子费多尔虽已年满10岁，但孱弱多病。次子6岁的伊万体质也很差，双眼近乎失明且反应迟缓，智力低下。皇位继承人个个都不称心。这时沙皇继娶的皇后纳塔利娅·基里洛夫娜·纳雷什金纳及时地给他生了个太子，这怎能不使沙皇喜出望外？

　　小彼得自小便受到成群奴仆的精心照料。可在他未满4周岁的时候，老沙皇猝然病逝，从此彼得及其母后的地位发生了显著变化。

1676年，费多尔被捧上沙皇宝座，实权则操纵在他母亲娘家人米洛斯拉夫斯基手中，而纳塔莉娅的娘家纳雷什金家族的成员则被赶出宫廷。前政府的首席大臣、纳塔莉娅的监护人马特维耶夫也被监禁起来。从此彼得和母后成了无足轻重的人物。

1682年，多病的费多尔去世，身后没留下子嗣。这样，继承皇位者要么是伊万，要么是彼得。在两个王子背后马上形成了针锋相对的两派势力：米洛斯拉夫斯基家族拥护伊万即位，该派核心人物是伊万的姐姐索菲亚公主，她是个好弄权术、野心勃勃的女

290件来自艾尔米塔什的文物，涵盖了彼得一世、伊丽莎白女皇、叶卡捷琳娜二世、亚历山大一世四位君主统治俄罗斯期间的绘画、瓷器、金银器、雕塑等精品，其中尤以艾尔米塔什博物馆的叶卡捷琳娜二世时期的收藏为最。这些展品集中反映了18—19世纪俄罗斯乃至欧洲手工艺术的最高水准。

人。另一派纳雷什金家族则拥戴彼得登基。最后根据受到某些领主拥护的大主教的提议，10岁的彼得即位。其母纳塔利娅皇后成了摄政者。据同时代人证实，她是一个"为人热诚、心地慈祥，但却持政不勤、碌碌无为的女流之辈"。无力主政的皇后迫不及待地把领主马特维耶夫召回辅政。就在马特维耶夫回到京城的途中，一个阴谋已经密谋好了，一场宫廷政变即将发生。政变的策划者是索菲亚公主。她挑唆射击军，利用射击军来消灭纳雷什金家族。

　　射击军系伊万四世在1550年建立的装备火器的常备军，平时他们还从事手工业、经营小买卖。彼得的父亲在位时，射击军实际上是御林军，享有许多特权。费多尔即位后，剥夺了他们这些特权。由于勤务的增加，使他们的收入大大减少。射击军的军官还克扣士兵的军饷，役使士兵为自己种地办事。态度蛮横的军官愈来愈不得人心。于是索菲亚及米洛斯拉夫斯基大造谣言说射击军今日的不幸状况乃纳雷什金家族一手造成的，伊万王子也是他们杀害的。射击军甚至还得到了载有哪些领主应被处置的名单。

　　1682年5月15日，愤怒的射击军冲进克里姆林宫，要求惩治杀死伊万的凶手。他们杀死了射击军长官多尔戈鲁基公爵和马特维耶夫、彼得的两个舅舅和其他

← 彼得一世

一些领主。血淋淋的屠杀给年幼的彼得留下了终生难忘的印象。

政变后，按射击军的要求，彼得和伊万兄弟俩一起称帝，两个儿皇帝在位期间，由索菲亚公主亲掌治国大权。从此开始了索菲亚公主为期7年的统治。

在这7年里，彼得和其母后大多在莫斯科郊外的沃罗比耶沃村和普列奥勃拉任斯科村的离宫中度过。在远离皇宫的日子里，少年彼得不再接受17世纪王子们通常所受到的"正规"教育，不再学习那些乏味的希腊文、拉丁文、经院哲学等，而是从自己的爱好出

具有巴洛克风格的叶卡捷琳娜宫又称皇村，这是具有巴洛克风格的金顶。

← 古代的海战

发，学习那些他真正感兴趣的东西。所以在彼得的一生中较少受到传统思想的束缚，养成了一种对知识孜孜以求、对新生事物大胆追求的精神。

　　彼得从小就喜欢摆弄各种匠人工具，他备有石匠、木匠、铁匠用的全套工具，常动手做些手工活。到成年时，彼得已精通了至少12种手艺，尤其是木工活，已达到炉火纯青的程度。这些"粗活"是彼得终其一生的爱好，也是他同先皇列祖的一个显著差别。

　　在许多爱好中，使彼得着迷的要数军事游戏。随着年龄的增长，儿时嬉戏中的木大炮、木手枪变成了真正的军用大炮、马刀和手枪，被人们称为"游戏兵"的儿时伙伴们，也渐渐长大，彼得把他们和附近的少

年编成两个团。少年团的人数越来越多，军事游戏越玩越认真。在游戏兵数目增加的同时，他们的军事装备也逐渐加强。洋教官被请来对少年团进行严格的军事训练并进行大规模、正规的军事演习。然而真正使彼得感兴趣的还数航海业和造船业。他学习造船、修船。在小河里驾帆行驶已远不能使他感到满足，他渴望的是有朝一日能到真正的大海上驾帆远航。

在远离皇宫的岁月里，他有机会接触到形形色色的外部世界。特别是在搬到普列奥勃拉任斯科村后，彼得经常到外侨区游玩，在那里结识了不少朋友。这些外国人教给彼得不少新鲜的东西。几何、算术、炮兵知识就是他从外国朋友那里学到的。其中苏格兰人戈登任彼得的军事教官，在彼得与索菲亚争夺王位的斗争中做出过重要贡献。法国人莱福尔特是一个欧味

↑1820年冬季的克里姆林宫

十足的人，他把彼得拉入西方侨民的圈子，让彼得接触到更多的西方文明。这样，在青年彼得周围形成了一个特殊的圈子"彼得帮"。彼得能把那些在事业上有一技之长、能为他献身的人们紧紧地吸引在他的身边，不管是木匠、水手、军官还是过去卖过馅饼出身寒微的人，只要是人才他都能任人唯贤。他说："国王造就不了伟大的大臣，但大臣却能造就伟大的国王。"正是在与这些外国人的接触中，彼得愈来愈认识到本国的落后与愚昧、西方国家的先进与文明，更坚定了他要把俄国建设成为一个能与西方先进国家相抗衡的强国的信念。

在索菲亚摄政的头几年，她对彼得的活动并不介意，觉得他搞的不过是孩童的胡闹而已。然而随着时间的推移，双方的敌对情绪日渐增长。彼得的少年军团越来越正规、壮大，给索菲亚造成很大威胁。索菲亚在取得摄政地位后，越来越大权独揽，尤其使彼得不能容忍的是在官方文件中提到女摄政者时居然用："索菲亚·阿列克谢耶夫娜公主陛下和大公"的尊号。还指使其宠臣、射击军头目沙克洛维蒂策划除掉彼得的宫廷政变，夺下彼得的王位继承权。索菲亚的所作所为使彼得愈感不满，双方间的争斗一触即发。

　　1689年8月7日深夜，克里姆林宫响起了一阵警报声。射击军拿起了武器。有人放风说彼得的游戏兵已向莫斯科进发。在未弄清事情真相前，拥护彼得的一部分射击军匆匆地赶到普列奥勃拉任斯科村向彼得报信。彼得听到消息后脑里立刻浮现7年前那可怕的政变和血淋淋的屠杀。于是他当机立断：出逃。只穿一件内衣的彼得逃到附近的树林里。然后又下令连夜赶往防卫坚固的谢尔吉圣三一修道院。第二天游戏兵团和苏哈列夫射击兵团的军官们赶来保驾。经查明，昨夜索菲亚派人来抓彼得的消息不确实，但彼得从部分射击军军官那里知道了沙克洛维蒂策划政变的阴谋，从而更加坚定了要铲除索菲

→鸟瞰克里姆林宫

← 谢尔吉圣三一修道院

亚的决心。

这时索菲亚试图与弟弟讲和，便派大主教约阿基姆到圣三一修道院去。谁知大主教对彼得有好感，竟一去不复返，留在彼得手下了。最后迫不得已，索菲亚只好亲自出马到修道院请彼得回莫斯科。行至途中，接到彼得命令她返回克里姆林宫和引渡沙克洛维蒂的要求。此时索菲亚所依靠的军事力量正在一天天瓦解，已经到了无法控制局势的地步了。索菲亚不得不接受命令，沙克洛维蒂被判处死刑。索菲亚被宣布是个"无耻之尤"，于9月末被送往新圣母修道院监禁。宫廷斗争的结果以纳雷什金家族获胜告终，彼得的亲信抓住了军政实权。

争夺出海口

俄国需要的是水域。

——彼得

彼得在扫除异己，重掌大权后并没有亲政，国家大事都由他母亲和亲信掌管，他自己则仍旧沉浸在陆地战争和航海战争的游戏中，对航海更是情有独钟。他经常到莫斯科附近的佩列雅斯拉夫尔湖驾船小游，辽阔的海洋和真正的海船强烈地吸引着彼得。正是这种对海洋的渴望促使他于1693年在众多随员的陪同下来到俄国当时唯一的一海港——阿尔汉格尔斯克。在这里，他第一次看见了外国的海船在海港里繁忙地装卸货物，第一次乘快艇在海上游览。

浩瀚的大海为何如此令他心驰神往？

原来俄国本是由莫斯科公国逐步发展而成的，12世纪时，莫斯科只不过是个军事据点而已。13世纪时，它成了一个公国，臣属于蒙古人的金帐汗国。由于它远离南部和西部的强邻，又处于水陆交通要道，因而迅速强大起来。1480年，它摆脱了金帐汗国的统治；15世纪末至16世纪初，它又合并了周围的一些小国，其面积从原来的几十万平方公里一下子扩展到280万平方公里，并建立起强有力的中央政权机构。从此，俄罗斯成为一个统一的国家。1547年，伊凡四世正式称"沙皇"。后来俄国又征服了南面的喀山汗国、阿斯特拉罕国等伏尔加河一带的地方并向东越过乌拉尔山，向西伯利亚扩张。在彼得出生前，俄国的领土已延伸到太平洋岸边，成了一个幅员辽阔的大国。虽然它北面濒临北冰洋，东靠太平洋，有着绵长的海岸线，但在当时的经济、技术水平下，尚无能力开发这两大洋，因而根本不能满足经济上的需要。南面的亚速海和黑海由土耳其控制，使它无法进入地中海，而波罗的海的水路又被瑞典封锁，使它无法进入大西洋。唯一能同外国通商的北方港口阿尔汉格尔斯克，一年中有9个月封冻，况且由

↑1613年的红场

这里航往西欧要比经由波罗的海的路程长一倍。这样的地理位置决定了俄国同当时先进的西欧国家几乎处于隔绝状态。

此时的俄国与它的东部弱邻相比可说是个庞大的

↑14世纪克里姆林宫修复工程

帝国，而与西邻的一些国家比，它又是个弱国。16世纪和17世纪，荷兰和英国相继爆发了资产阶级革命，走上了资本主义发展的道路。西欧的另一些国家如瑞典、丹麦等国在生产技术、生产力水平和文明程

度上都比俄国先进。资本主义生产关系虽已在封建农奴制的俄国内部萌芽，但障碍重重，发展缓慢。到17世纪末，俄国才有手工工场30多所，而且主要依靠手工劳动，生产效率极低，工业品远不能满足国内市场的需要，大部分商品要从西欧等国进口。而俄国本国又是一个农产品出口的大国，俄国地主阶级和新兴商人阶级都迫切需要加强与外界贸易联系。

沙皇彼得清醒地看到，想要与西欧强国相抗衡，就必须首先向西欧先进国家学习，改革本国落后的

俄罗斯太平洋舰队是现在这里的主人。它的前身俄远东海军组建于18世纪初。当时，彼得一世派造船家和航海家到鄂霍次克，开始建造渔船、军舰和构筑港口。1731年成立鄂霍次克区舰队。1856年，鄂霍次克区舰队进行改编并改名为西伯利亚区舰队。

← 莫斯科河

经济、军事、文化、政治，就必须广泛加强与西方的联系。为做到这一点，彼得决定从它的南北强邻手中夺取出海口，打开通向西方的大门。在这样的背景下，彼得说出了"俄国需要的是水域"的名言。

1694年纳塔莉娅病逝，痛失母亲的彼得开始独立执政。他执政后采取的第一个步骤就是向南方强邻——土耳其开战，直取它的要塞——亚速。

1695年3月，远征亚速的军队分兵两路，同时由莫斯科出发：一路沿莫斯科河、奥卡河和伏尔加河从水路抵达察里津，另一路则顺顿河前行。5月末，俄军到达亚速城。此时军队一分为三，分别由戈洛文、列福尔特和戈登3人指挥。而彼得在这次战斗中则身兼双职：他既是所有战役的实际统帅，又是攻打堡垒的

普通炮手——"炮手彼得"。

俄军未能保守住进军方向和目的的军事机密，土耳其人在俄军未到之前就已加强了要塞的防务，在被围困期间，增援部队又较迅速地开到了亚速，而俄军当时没有海军，无法阻止土耳其舰队的逼近。

围城的作用也不大。俄军还多次受到土耳其人的出击骚扰，损失较大。然而挫折并未使彼得垂头丧气。他命令军队积极挖堑壕，一直挖到城墙脚下，准备突袭。彼得在一封信中写道："城内土地已用战神之犁耕耘，城里以及战壕内均已下种，正等待吉时到来。"

但对"吉时"的期望却落空了。9月末俄军发起的一次突击遭到惨败，10月初解围，一个多月以后，俄

→克里姆林宫广场

军已撤回到莫斯科。这次进军的唯一战利品是一个被俘虏的土耳其人，军队通过莫斯科时，他一直走在前面示众。

前事不忘，后事之师。彼得在致朋友的信中自嘲地称首次远征亚速为"没有攻克亚速的远征"。

← 彼得一世

但失败和挫折并未使年轻的彼得畏缩不前。相反，他殚精竭虑、深刻反思，一定要总结经验和教训，找到失败的真正原因。他意识到这次败北暴露了许多缺点：首先是因为军队的攻城装备太差——攻城的炮弹爆炸后，坚实的围墙竟安然无恙，而自己的人却被炸得血肉横飞。其次必须改善军队的指挥系统——进攻信号尚未统一，军队的训练也有待提高。最后，因为俄国人没有海军，因而未能封锁要塞并切断敌方增援之路。

为整顿军队的指挥系统，彼得委任阿列克谢、舍英指挥陆军，自己的宠臣列福尔特指挥暂不存在的海

一彼得一世

军。事实上远征军的实际统帅仍是沙皇本人。

为打赢战争，就必须建立海军。1696年2月，彼得去沃罗涅什，在那里建立造船厂，并且亲自督办此事。从附近招来几千名木匠和大批民工，紧张地赶造平底船只。在现场，彼得时而以一名工程师的身份参与设计工作，时而又是个普通工匠，大汗淋漓地舞锤弄斧，参加造船劳动。他对待民工异常残酷，谁要是逃跑，被抓回来就用铁链吊起；谁要是出了差错，往往有被送上绞刑架的危险。经过几个月的紧张施工，终于造成大战舰2艘、大帆船23只，火攻船4艘和1 300只平底木船。船造好后，彼得又着手编成了新的团队，调整了军队的指挥系统，补充了新兵，并且聘请外国的军事工程师和军官来当教官。

1696年5月初，俄国陆海两军组成27个舰队，挥师南下，彼得亲任远征军的总指挥，统一协调陆上包围、海上封锁和炮轰城堡的军事行动。5月底，陆军包围了亚速，占领了亚速城下的堑壕并炮轰城墙，未能攻克。舰队则对亚速进行海上封锁。土耳其几艘载有4 000名士兵和各种食品及装备的军舰被挡在了港外，切断了土军的供给。这样，要塞陷入重围中。6月末，亚速守军终因弹尽粮绝被迫投降。

随着对亚速的占领，虽然离争取黑海的出海口和海峡的使用权，成为海上强国的目标还相去甚远，但俄国毕竟迈出了第一步，开始走向海洋。

← 彼得一世运河里的木筏

出访列国

> 我干活想到的不是我自己，我想的
> 是为千秋万代造福。
>
> ——彼得

占领亚速以后，俄国船只能开往亚速海，还不能进入黑海。因为到黑海必须穿过刻赤海峡，而这个海峡仍被土耳其人控制。另外，土耳其的一支强大舰队仍雄踞在黑海海面，土耳其人随时都可能卷土重来。

→ 彼得一世铜像

如何坚守住占领区并打开通向黑海的水路，如何击退土耳其军的随时进犯……这些问题始终缠绕着彼得，弄得他寝食不宁。

然而彼得对俄国海军的力量还是颇有信心的。俄国海军既然能征服亚速，也就一定能守住亚速，甚至还要朝更远的海域推进。在第二次亚速远征班师回朝时，他开始了下一个独立行动：创建海军。在他下达的手谕里，阐明了占领亚速和建设海军的思想。3 000名射击军官兵及其家属进驻亚速。然而建设海军需大量经费，可国库空虚，拿不出这么多钱来，彼得便制订了新的繁重的赋役制度向僧俗两种土地所有者征税。规定牧首及各修道院领地上每8 000户农户造船一艘，贵族领地上每1万户农户造船一艘。这些沉重的负担最终还是落到了农民的身上。同时，又增加了其他的徭役，动员劳动居民去修建塔干罗格海港，以巩固亚速海占领区。

建设海军还需要有熟悉业务的军官和技术人才，造船厂还需要有造船专家，而这样的人才俄国很缺乏。为尽快得到所需要的人才和技术，彼得当机立断：向西欧派遣外交使团，出国考察学习海军情况并招聘海员、船长、造船专家，以及购买大炮、枪支、仪器。

← 彼得一世铜像

此外，使团还有一个重要的使命：游说各国，广泛联合欧洲强国，组成一个欧洲列强反土耳其联盟。

使团里包括不少高级官员和35名留学生。留学生中有一个化名为彼得·米哈伊洛夫的就是沙皇彼得。他在使团中有双重身份：既是学习航海科学的留学生，又是外交使团的实际首脑。使团加上大量的仆人和服务人员，总数达250人。使团的第一大使为列福尔特，他生性开朗，善于交际，对西方国家较为熟悉。戈洛文被任命为第二大使，他是个老练的外交家。第三任大使为沃兹尼岑，虽不善言谈，但老谋深算，善于在外交谈判中维护本国的利益。彼得选这3位大使是为了让他们互相取长补短，以不辱使命。彼得还专为留

→ 彼得一世带领俄国人学习造船

《缅希科夫在别留佐夫镇》——缅希柯夫是彼得大帝的宠臣，也是彼得大帝实行改革的谋划者和执行人。他出身卑贱，但才智过人。彼得执政后委他以重任，直升至元帅，辅助彼得立国治业，功勋卓著。彼得过世后，他将年幼的彼得二世接回家中抚养，并将自己的长女许配与他。不料，在安娜女皇和德国使臣的阴谋策划下，俄国政局发生变化，缅希科夫一家被流放西伯利亚。途中妻子过世，他最终居住在别留佐夫小镇自建的小木屋中，与女儿们共同生活。

学生制定了学习计划，把学习计划分为两期：第一期是留学生必修科目，掌握海军的基本知识即航海技术和军事指挥能力。第二期主要是攻读选修科目，掌握造船技术。1697年3月，大使团从莫斯科出发，踏上

了周游列国的征途。

8月初，彼得到达荷兰的造船业中心萨尔丹城，在那儿参观了木材厂、造纸厂和造船厂。16日，庞大的俄国使团来到荷兰首都阿姆斯特丹，彼得也从萨尔丹赶来——俄国外交官和留学生的千里之行终于完成。当时的阿姆斯特丹市市长曾去过俄国，会说俄语。在他的友好帮助下，彼得被安排在东印度公司造船厂学习。同彼得共同学习造船技术的还有10个留学生。其中有平民出身的缅希科夫和彼得母亲家族的戈洛夫金，这二人日后都成了彼得手下的得力大臣。

8月末至9月初，他们专攻造船技术。9月初，在荷兰专家保罗指导下，由留学生亲手造的一艘三桅巡

→俄罗斯基洛夫级核动力巡洋舰彼得大帝号

起源于18世纪彼得大帝时期的俄罗斯油画，在艺术风格上兼有东西方文化特色，在世界美术史上占有重要地位。

洋舰完成。沉重的体力劳动使在国内过惯奢华生活的年轻贵族吃不消，对彼得参加造船劳动颇有微词。从来都说一不二的沙皇下令判处那些发牢骚者死刑，多亏阿姆斯特丹市市长从中周旋，才使沙皇收回成命，把死刑改为流放。

11月中旬，这艘满载留学生心血的"彼得—保罗"号巡洋舰下水了。留学生们获得了掌握技术的证书。发给彼得的证书上写着："彼得·米哈伊洛夫"是个勤奋好学的木工，他已掌握了造船专家的各种业务，也学会了"船舶建筑学和绘图技术"，已达到"我们本人所能掌握的程度"。

然而令彼得感到难过的是：他们长途跋涉前来学艺，但未达到预期目的。因为荷兰造船专家都不懂理

→ 英国皇家格林尼治天文台

论，而英国的造船技术设备十分完善。于是，彼得在16名留学生陪同下，于1698年1月离开荷兰来到英国。他要在那当一名造船工程师，了解理论的奥秘。

彼得在英国伦敦逗留了4个月，他除了把大部分时间都用在研究造船业上之外，还参观了伦敦的企业、英国皇家学会、牛津大学、格林尼治天文台、造币厂，与著名英国数学家弗哈森结识，并邀请他到俄国任教。此后数学家的知识开始在航海学校得以应用。沙皇与一些商人进行了有关烟草贸易专利权的谈判。在彼得以前的俄国，烟草被视为"亵渎上帝的毒草"，吸烟者要受到诸如挨鞭子、割鼻子的严厉惩罚。然而吸烟者有增无减，连沙皇也抽起烟了。最后对吸烟者不再绳之以法。官方也开始把烟草视为专卖品。彼得到伦敦后，把这个专利卖给了英国人。彼得在伦敦还拜会了议会，并且通过天窗观看了议会开会的情景。不过他对这种英国式的议会制度并不怎么感兴趣。

1698年4月，彼得离开英国返回荷兰。5月，听到俄国的同盟者奥地利和威尼斯决定同土耳其签订和约的流言后，彼得决定离开荷兰前往维也纳。在维也纳，为巩固反土耳其同盟，他亲自与奥皇利奥波德举行会谈。然而会谈结果令沙皇非常不满：未能说服奥地利放弃与土耳其媾和的念头，同盟者毅然退出战争并已和土耳其进行双边和谈。为了不使俄国陷入孤立，彼得同意参加即将举行的和会。彼得准备去威尼斯，希望威尼斯仍忠实地履行同盟者的义务。不料7月15日正准备前往威尼斯的彼得忽然接到来自莫斯科的信件，信中说1698年春到莫斯科上告的那些射击军再一次叛

←牛津大学

乱，正逼近莫斯科。心急如焚的彼得遂决定于 7 月 19
日离开维也纳回国。7 月 22 日，沙皇在接到叛军已被
平定的消息后决定在拉瓦鲁斯卡小镇做短暂停留，并
在此地会见了萨克森的选帝侯兼波兰国王奥古斯特二
世。会谈中他们明确了共同的敌人——瑞典。不过，
分手时仅许下了"牢固的友谊"的诺言，并未以正式
条约固定下来。后来北方同盟的基础就是这样奠定的。

　　彼得为何又改变了对外政策呢？这是因为周游列
国后他对西欧的形势有了清醒而正确的估计。当时欧
洲各国列强正剑拔弩张，西班牙国王查理二世身后无
嗣，他死后围绕西班牙王位将展开一场激烈的斗争。
战争乌云已布满中、西欧上空。奥地利、威尼斯在同
土耳其举行和平谈判，急于结束对土战争，以便把兵

→奥古斯特二世像

力转移到西欧；波兰也停止了对土耳其的战争，反土同盟行将瓦解，而对土战争不是俄国所能独立进行的。因而彼得决定缓和与土耳其的紧张关系，利用欧洲列强忙于争夺西班牙王位而无暇顾及东北欧的有利时机，与北方强邻瑞典决一雌雄。在得到奥古斯特二世愿意参加反瑞典同盟的保证后，彼得于1698年8月25日返回莫斯科。

← 马里因剧院

马里因剧院是俄罗斯著名剧院之一，以前叫基洛夫模范歌剧舞剧院，位于古老的戏剧广场。马里因剧院的外表朴实无华，几乎没什么鲜明的特色，给人印象深刻的是它的演出大厅。1860年10月2日，剧院隆重落成，公演格林卡的歌剧"伊万·苏萨宁"。从那时起，几乎所有的俄国古典歌剧全是在这里初演的。今天，马里因剧院是全俄最大的剧院之一，在国际上也享有一定的声誉。

严惩射击军

> 神圣的信念属于不屈服的心，一切
> 福利，归诸战斗的人。
>
> ——歌德

彼得回到莫斯科后，最关心的一件事就是强化了对射击军的审讯，以彻底解决射击军叛乱的问题。

回顾射击军反叛的历史，彼得不寒而栗。1682年射击军发生骚乱，杀死了彼得的两个舅舅，实际上彼

→伊萨基耶夫斯基大教堂

位于圣彼得堡市中心的伊萨基耶夫斯基大教堂与梵蒂冈、伦敦和佛罗伦萨的大教堂并称为世界四大教堂。

← 符拉迪沃斯托克

符拉迪沃斯托克市，意为"东方统治者"或是"征服东方"的意思，是俄罗斯滨海边疆区首府，也是俄罗斯远东地区最大的城市。城市位于俄、中、朝三国交界之处，三面临海，拥有优良的天然港湾，地理位置优越，是俄罗斯在太平洋沿岸最重要的港口，也是俄罗斯太平洋舰队司令部所在地。

得被剥夺了王位。1689年射击军头目沙克洛维特在索菲亚指使下发动了一场宫廷政变，企图除掉彼得。在彼得出游列国前的1697年2月，射击军齐克列尔团长妄图杀害彼得，阴谋虽被彼得识破且主要策划者被处以极刑，但是射击军心怀叵测、阻挠他即位且有杀他之心的一幕幕已深深地刻在彼得心中，彼得视射击军为"一群祸害"，是一支异己、敌对的势力，对射击军的仇恨已达到极点。

而射击军对彼得的统治也越来越痛恨。彼得在位时，他们失去了御林军的特殊地位。这次哗变的4个团先被派往亚速驻防，后又被调到西部边境。这样，他们在莫斯科兼营的工商业就受到了严重影响。1698

年3月，驻西部4个团的射击军因不堪沉重的劳役、拖欠军饷和给养缺乏而派175名官兵开赴莫斯科，申诉他们的"悲惨境况"，引起政府一片混乱。加之彼得出国后长时间没有音信，首都到处盛传他死于国外的谣言，大臣们惊慌失措，赶紧答应了这些官兵的要求，支付了拖欠的军饷。但当代表们回到驻地时，那里的射击军又发生暴乱并撤掉了原来的军官，让自己选出的人充当指挥官，而后又朝莫斯科进发，企图让索菲亚重新执政。最后，终因力量弱小，被政府军击溃，叛乱的首领被处死，士兵被流放。

彼得回到莫斯科后，听取了射击军骚乱和对其进行镇压的报告并亲自研究审讯资料。在仔细分析了审讯材料后，他对大臣们处置射击军叛乱的结果非常不满。他认为他们过早地处死了叛军的罪魁祸首，对暴动参与者的惩治也过于手软，未能查明被他称之为米洛斯拉夫斯基所埋下的"恶种"参与暴乱的真正目的。因此，彼得决定亲自重审此案。

首先，他命令将全部叛军1 041人全部押回莫斯科投入监狱。受审者被分为两组：一组是射击军士兵，通过严刑逼供，终于发现索菲亚参与叛乱活动的线索。于是在另一组审讯室里又关进了索菲亚公主。彼得亲自审问他的姐姐，索菲亚断然否认与射击军有任何来往。由于缺乏真凭实据，审讯只好不了了之。但对射击军已恨到极点的彼得给射击军定下"窃贼，变节分子、内战的祸首和叛乱分子"的罪名，除14岁至20岁的士兵流放外地外，其余的799名官兵全部被判处死刑。首都长时间地处于大屠杀的血腥气氛中，被处绞刑和车裂的尸体在5个月内都没有收拾干净。至此，射击军已名存实亡。

彼得对射击军的处置是十分残暴的，杀害了许多普通的士兵。这反映了他性格中极专横、残暴的一面。

夏宫正式名称为彼得宫，始建于彼得大帝时代，分为"上园"和"下园"，有"俄罗斯的凡尔赛"之称。夏宫始建于1704年，于1714年修建了大宫殿，成为彼得大帝的行宫。

两战纳尔瓦

纳尔瓦会战是一个正在兴起的民族
的第一次严重失败，这个民族善于甚至
把失败变成胜利的武器。

——马克思

如前所述，彼得在出访列国时就已清醒地看到：
战争的乌云已布满中、西欧的上空，欧洲的局势有利
于俄国谋求波罗的海出海口的斗争。这样，沙皇便把
目光投向瑞典，决心与北方强邻瑞典大战到底。

当时的瑞典占有波罗的海沿芬兰湾、涅瓦河口一
带地区。为了本国的利益，瑞典绝不会允许俄国利用
这个重要的通道与西欧各国进行贸易往来。而波罗的
海是俄国直通西欧的捷径，夺取波罗的海出海口比夺
取黑海出海口更为重要。

向北欧强国瑞典挑战是需要相当大的勇气的，因
为瑞典拥有欧洲第一流的陆军和强大的海军舰队。瑞
典国国王查理十二年仅18岁，英勇过人，人称"小狮
子"。所以要想战胜瑞典，不但要求国内要全力以赴地

做好作战的准备，就是在国外也要尽可能地争取到更多的同盟者。

17世纪末，瑞典有3个较强大的邻国：俄国、波兰和丹麦。瑞典同这3个国家的矛盾都很深。当时，萨克森的选帝侯奥古斯特二世兼任波兰国王，他可以统一指挥这两个国家的军队，因而成了彼得要争取的

海军大厦是扎哈罗夫的天才创作，俄罗斯民族建筑最杰出的文物之一。

头一个同盟者。当时的丹麦和挪威是一个国家，是瑞典的西邻，它早已与奥古斯特结成军事同盟。所以争取丹麦，对俄国来说至关重要。

　　争取反瑞典同盟者的工作早在彼得出访各国时就已展开。彼得和奥古斯特二世达成了反对瑞典的口头协议。回国那年，他又同丹麦签订了共同反对瑞典的条约。1699年11月，又与奥古斯特正式结成反瑞典同盟。

　　彼得大帝铜像——彼得大帝是18世纪俄国颇有作为的沙皇。1700至1721年间，俄罗斯与瑞典进行了长达21年的北方战争。1703年，彼得大帝在从瑞典人手中夺得的领土上建起了圣彼得堡，并于1712年迁都于此。这尊马踏蟒蛇的青铜雕像，表现了彼得大帝的威严勇猛。马象征着俄罗斯，蛇代表阻止彼得大帝改革维新的力量。也有一说蛇象征了被击败的敌人——瑞典人。

普希金城（皇村）位于圣彼得堡以南24公里处。从1710年开始，这个地方属于彼得大帝的妻子叶卡捷琳娜一世。1725年后，成为沙皇最大的离宫之一。1728年开始，称为"皇村"。1756年，具有巴洛克风格的叶卡捷琳娜宫在这里建成。之后又修建了"亚历山德罗夫宫""音乐厅""琥珀厅"，皆美奂绝伦。1937年，为纪念普希金逝世100周年，皇村改名为普希金市。现在每年6月的第一个星期天，这里都要隆重的庆祝普希金的生日。

在紧张展开外交活动，最终结成北方联盟的同时，彼得大帝在国内也开始筹建新军。经过3个月的时间，组成了一支3 200人的军队。

北方同盟虽然建立了，但俄国未与土耳其缔结和约，没有正式与土结束战争，所以还不能向瑞典发动战争。为了缔结和约，彼得派以乌克兰英为首的外交

使团前往伊斯坦布尔。这次他们不走陆上传统的路线，改由 10 艘军舰为大使团护航。分舰队形式上由海军上将戈洛文指挥，实际上真正的统帅是彼得。当俄国军舰在刻赤抛锚时，土耳其人对俄国人能自己造出这样的军舰并培养这样多的船员惊诧不已。刻赤土耳其当局不让俄大使乘军舰继续航行，但彼得不为所动，命令大使乘坐的"要塞"号继续向伊斯坦布尔航行，并且鸣放礼炮以向土耳其人宣布俄国海军的诞生。这次显示国威的行动达到了预期的效果。1700 年 8 月，土

→喀山大教堂

耳其终于同俄国签订了和约。

1700年初，波兰和丹麦已先后同瑞典开战。8月8日，瑞典国王查理十二率15 000人军队出其不意地在丹麦首都哥本哈根登陆。丹麦国王不战而降，奥古斯特围攻里加也遭到失败，强烈呼吁俄方支援。8月中旬，彼得在得到俄土缔结和约的消息后，正式向瑞典宣战。9月末，总数为10 000人的第一批俄军和10 000辆载满装备和大炮、粮食的大车浩浩荡荡地开往要塞纳尔瓦。要塞位于芬兰湾南岸，由瑞典人控制。到10月中旬，俄军其余的全部人马才在要塞会合。20日，俄军开始了为期两周的炮击。尽管火药、子弹、炮弹供应都很充足，但终未攻下城池。

　　然而查理十二率领比俄军人数少好几倍的军队出其不意地来到纳尔瓦。当得知敌人逼近的时候，彼得却把指挥权交给在俄国服役不久的德国人冯·克鲁伊，他自己则到诺夫哥罗德催促援军和粮草去了。

　　11月中旬，查理十二率瑞典军队向俄军发动进攻。俄军以包围纳尔瓦为目标，修筑了长达7俄里的工事。瑞典人在开战前以暴风雪为掩护，对俄军进行突然袭击，直插俄军防线中心，把俄军截为两段，然后各个击破。而俄军毫无准备，克鲁伊及其他在俄国服役的外国军官立刻投降做了俘虏。只有两个近卫军团和列福尔特团顽强地打退敌人的进攻，表现出坚强的战斗意志。

　　总之，战争刚开始，俄军便一败涂地。纳尔瓦之

→彼得大帝雕像

← 红场

战，俄军阵亡将士达 6 000 之众。炮兵及 135 门大炮全部损失殆尽，军队里的高级军官几乎无一人生还。

沙皇彼得在《北方大战》一书中探讨了纳尔瓦之战败北的原因。他写道："瑞典人已成得胜之师。然瑞军乃训练有素，富有作战经验之正规军，而吾军中具作战经验者仅列福尔特团，且该团从未与真正之正规军较量。其余各团除数名团长外，无论是军官还是列兵均入伍不久。加之过度饥饿，道路泥泞难行，粮秣不足等各种原因，一言以蔽之，此次交战纯属儿戏，且技艺低劣，以训练有素、实践经验丰富之师压倒缺乏军事素养之新兵原不足怪也……然值此惨遭不幸之时，吾人应力戒因循苟且之习气，自强不息，苦练杀

敌本领。"纳尔瓦一战充分暴露出国家的落后和军队战斗力的低下。

18岁的瑞典国王战胜俄军的消息在西欧传开后，俄国在西欧各国的威望一落千丈。为庆祝这次战役的胜利，瑞典人还专门铸造了一枚徽章：一面画的是彼得站在向纳尔瓦射击的大炮旁边，题词为"彼得站着取暖"；另一面画的是沙皇彼得丢盔弃甲，痛哭流涕，

→彼得大帝雕像

←连接新老城区的奥古斯特桥

带领残兵败将溃逃的情景，题词为："逃之夭夭，痛哭流涕。"

　　大胜俄军后，查理面临新的选择：即可扩大纳尔瓦之战的战果，继续对俄采取军事行动，也可把战场移至西线，挥师波兰，攻打奥古斯特二世。最后查理十二决定攻打波兰。因为他已不把彼得放在眼里，认为对"莫斯科庄稼汉"的战争已经结束，俄国人再也不敢轻举妄动了。更重要的是因为瑞典国王不能让一支比俄军战斗力更强的萨克森军队留在自己的后方，而自己却冒险深入俄国的领土。于是他转而率军进入波兰，击败了波兰军队，控制了波兰大部分领土。之后又率军进入萨克森，占领了萨克森首都德累斯顿，迫使奥古斯特二世于1706年10月与他签订了合约。瑞典军队在富庶的萨克森足足待了10个月，待养得兵强

马壮后，于1707年8月开向俄国。

纳尔瓦之役的惨败并未使彼得垂头丧气，一蹶不振。相反，惨痛的教训使他更清醒地意识到与瑞典的战争才刚刚开始，要取得战争的最后胜利还需要作出巨大的牺牲和努力。当查理的阵营里取笑沙皇时，彼得并未虚度光阴。1701年1月，他前往比尔查，与奥古斯特二世签订盟约，彼得答应给这个不可多得的盟友2万多人的军队及每年10万卢布的援助。彼得之所以花这么大的代价是因为瑞典人追赶奥古斯特的时间

　　德累斯顿最著名的雕塑就是位于新城广场的奥古斯特二世的金色骑马像，表现奥古斯特二世从德累斯顿大街出发前往华沙兼任波兰国王，塑像全身镀金，奥古斯特二世扬鞭催马，意气风发！

越长，俄国就有愈多的时间来医治在纳尔瓦所受的创伤。

彼得还一直注视着南部土耳其的动态并始终关心亚速海舰队，因为他深知"唯有强大的海军"才能煞住土耳其人嚣张的气焰，使其在较长时间内不敢轻举妄动。

彼得在这段宝贵的停战期里，抓紧时间做了许多准备工作，以图东山再起。

从德累斯顿火车站出来直走，大约15分钟的路程，就可以到达的皇宫区。如今，这里已经恢复了昔日的富丽堂皇。这里战后的修建工作都是在原来的基础上，以圣母教堂的复建最受瞩目。

首先，他改组了军队，扩充了兵源。彼得很清楚原来的贵族军队是很难在战场上取胜的。因此他下令实行义务兵役制。按照新的规定，每25户农民出一名新兵，这样每年约有三四万青年应征入伍，他们日夜接受操练。彼得还撤换了那些无能的外国军官，在补充新的军官时，遇到了极大的困难。因为直到18世纪俄国还没有培养军事专家的专门学校。1701年他创办了

第一所航海学校，然而需许多年以后，才能启用这些学校的毕业生。为解燃眉之急，虽然深知外国军官不太可信赖，却也不得不重新到国外招聘军事专家。1702年开始在西欧一些国家里招聘外国军官，同时还从普列奥布拉任斯基团和谢缅诺夫斯基团选拔了一批新军官。

为重建炮兵，彼得下令挪用教堂和修道院里的铜钟，以弥补铜的不足。一年之内，铸成大炮300门，相当于纳尔瓦战役中所损失的两倍多。本世纪初兴办起来的冶金工厂保证了军队制造大炮所需的生铁。另外还从国外购买了一批军火，在沃罗涅什迅速建造军舰，以建立起一支强大的舰队。

→ 彼得大帝夏宫下花园

为加强军队的装备，彼得大力扶助军需工业。设在乌拉尔的4家全国最大的冶金厂开始生产生铁、熟铁、大炮和炮弹。同时开始建立供应军队军装和其他装备的制革厂、呢绒手工工场等。

为解决财政缺口，彼得不顾本国经济困难，下令提高造币厂的生产效率，让大批成色不足的货币充斥市场。1700年以前，每年发行25万到50万卢布的货币，1700年共发行200万卢布，而到1702年竟超过450万卢布，沙皇的国库从降低货币的白银含量

← 彼得夏宫上花园雕像喷泉群

这项措施中，一时取得了较多的收入，弥补了预算赤字。并且还巧立名目，拼命增加苛捐杂税如什么马鞍税、马匹

税、大车税、食品税等，五花八门，不一而足。

经过种种努力，彼得终于在短期内重建了军队。这支军队不但恢复了元气，而且在组织和配备上都有了很大改进。从1701年底，俄军利用瑞典忙于同波兰作战的机会，重新在涅瓦河一带发动攻势。1702年初，由舍列麦捷夫率领的17 000名军团士兵袭击了瑞典军队，在埃列斯特费尔村全歼敌人7 000名，取得了第一个重大胜利。从1702年秋到1703年春，俄军主力忙于肃清涅瓦河两岸的瑞军，彼得也参加了这一战役。军

绕过德累斯顿圣母大教堂，首先映入眼帘的是一幅长约102米长的壁画，被人们称为国王行列。描绘的是萨克森王国的统治历史以及各时期的服饰与兵器。而令人惊喜的是壁画是由烧在24 000块素有德国景德镇之称的麦森出产的瓷砖上。画面惟妙惟肖，令人惊叹。

← 俄皇彼得大帝寝宫

事行动从围攻诺特堡（后改名施利色堡意为钥匙城）开始。诺特堡位于涅瓦河河口的一个岛上，耸立在岛岸边，厚达两俄丈的高高城墙以及高架在涅瓦河两岸的众多大炮，使诺特堡变成了一个固若金汤的要塞。为了攻下这个要塞，彼得调集了14个团的兵力，炮轰近两个星期。后来，俄军士兵靠着云梯爬上了这个坚固的"钥匙城"，占领了要塞。

　　为领导1703年的战斗，彼得3月份来到了施利色堡，4月份命令舍列麦捷夫率军袭击涅瓦河口的宁尚茨堡。此次战役缴获三桅巡洋舰两艘，分别装备4门和8门大炮。敌军除13人幸存外，几乎全军覆没。这次胜利使彼得乐不可支，因为俄军第一次海战便取得了史无前例的大捷，为俄国海军光荣的战斗传统奠定了良好的基础。为纪念这一胜利，彼得下令铸造铜质奖章，

上刻"史无前例"的题词。

占领宁尚茨堡之后，整个涅瓦河流域从发源地施利色堡到出海口全部落入俄国人之手。沙皇彼得深知瑞典人决不会善罢甘休，还会卷土重来，把俄国人从涅瓦河两岸赶走。因此他下令加强河口的防御工事，并在宁尚茨堡附近建造一座城堡，名为圣彼得堡，即俄罗斯未来的首都。

1704年5月末，俄军开始了对纳尔瓦的包围。6月末彼得采纳缅希科夫的建议，采用军事诈术，让几个俄军团队穿上瑞军的服装在要塞城下展开了一场由彼得指挥的"瑞典人"和俄军的佯战。瑞军的要塞司令戈恩中计，认为盼望已久的"援军"来到了纳尔瓦，迫不及待地跑出要塞，结果被俄军打得大败，伤亡惨重。

第二次纳尔瓦之战的胜利为4年前纳尔瓦战役的惨败雪了耻，之后彼得又把军队开入了波兰境内。战争的目的终于达到，俄国夺得了出海口，并缔造和锻炼了海军。

→ 彼得一世像

波尔塔瓦大捷

祖国的生死存亡就操在你们手中的时刻业已到来，军队并非为彼得而战，乃为托付予彼得的国家而战。

——彼得

1705 年俄国军队开向格罗德诺，准备在此地冬季宿营。年底，彼得回到莫斯科，把军队留在格罗德诺。1706 年 1 月，沙皇得到消息：瑞典国王正运兵，目标是袭击格罗德诺的俄军。得此消息后，彼得立即意识到俄军正面临着一次严峻的考验。在格罗德诺集结的是俄国军队的精华。如果查理十二把他的全部兵力都投在格罗德诺并围困要塞，那么俄军就会在被围困期饿死。而丢了这支军队，则俄国绝不可能赢得这场战争。所以彼得要求部队尽快撤离以保存主力。为了尽早撤退，他命令部队轻装前进，丢弃累赘的重炮。

军队脱离危险后准备在基辅迎击敌人的入侵。1706 年，查理改变了东征俄国的计划，挥师西进，

瑞典军占领莱比锡和德累斯顿后，奥古斯特二世为保住最后一顶王冠投降查理十二，他的投降使查理十二的远征主力军在富饶的萨克森境内得到休养生息的机会。

在积极准备战斗的同时，彼得也在寻找和平解决

德累斯顿经常被称为巴洛克城市，精美的皇家建筑和教堂多数都采用这种风格建造。而其中最为经典之作当数坐落在市中心的茨威格王宫，它是德累斯顿的象征。据介绍，王宫是一位建筑师和一位雕塑家奉萨克森的统治者奥古斯特的命令于18世纪初共同修建完成的，它实际上是贵族用于庆典活动的场所，因建在一个叫茨威格的花园而得名。正是这位萨克森的统治者和他的儿子把德累斯顿变成了一座拥有华丽的建筑、独特的艺术宝藏和灿烂的节庆活动的巴洛克风格的城市。

争端的途径。但结果未遂人愿。瑞典狂妄地称"瑞典国王和俄国谈和只有在君临莫斯科把沙皇从宝座上推下来，把俄国划分为小公国之时才有可能"。看来一场战争是不可避免的了。

1708年，战争进入决定性阶段。1月，查理十二率军从萨克森到格罗德诺，这时俄军虽有10万之众而瑞军只有63 000兵马，然瑞军久经沙场训练有素且有作战主动权。彼得充分估计到敌人的作战能力，对即将发生的战斗不做任何不切实际的幻想；当查理率军东进时，他下了两道命令：一是命令继续加强莫斯科城防并为城防部队增员。二是向下属交代，万一他阵亡，就发给他未来的皇后叶卡捷琳娜·瓦西里叶夫娜3 000卢布。

当查理兵临格罗德诺时，彼得下令俄军撤出该城。瑞军兵不血刃地占领了格罗德诺，但却无法快速地挺进莫斯科，因为在通往莫斯科的路上，俄军实行坚壁清野和焦土政策，使瑞军人无粮食，马无草料，无法前进。

瑞军在格罗德诺和明斯克一带呆了一段时间。9月份查理十二在拉耶夫基惨败后，觉得东进无望，也不等援军到来就挥师南下，开向乌克兰，想采取迂回战术，出其不意地包围俄军；莱文豪普特将军

也带领人马从里加赶来，想给处于困境中的瑞典军队运送军需并与国王会合。为消灭瑞军，彼得决定分兵两路：俄军主力由舍列麦捷夫率领，追赶开向乌克兰的瑞军主力部队；另一少部兵力号称"游动队"由彼得亲自率领拦击莱文豪普特军团。9月末，游动队和瑞军在林村遭遇。经过激烈交锋，莱文豪普特军团全军覆没。

　　符拉迪沃斯托克是交通要塞，海陆空运输都很发达，距中国珲春市180公里。有直达莫斯科的铁路线，是西伯利亚大铁路的终点。符拉迪沃斯托克是天然的不冻港，也是俄罗斯太平洋沿岸最大的港口城市。

为了使瑞军进一步陷入孤立无援的境地，彼得一面派军队切断波兰与瑞典的联系，一面加紧补充亚速海军舰队力量。海军力量的增强抵挡住了土耳其人趁北方战势正酣时对俄国的进攻，使土耳其保持了中立。

查理冬季进军乌克兰也很不顺利。乌克兰统帅马泽帕虽然投降过来，但并未带来多少兵马。虽然查理十二想联合土耳其一起进军莫斯科，一再敦促土耳其参战，但土耳其还是不愿破坏与俄国签订的和约。瑞典军队在乌克兰到处杀人放火，激起乌克兰人民极大的仇恨，他们不但不响应马泽帕的煽动，反而配合俄

军不给敌人以喘息之机、落脚之地，并拿起枪来，勇敢地保卫家园。

春汛来临，瑞军已无粮草供应，军中疾病流行，且时刻受到俄正规军和游击军的猛烈袭击，查理十二遂决定1709年4月南下围攻乌克兰的波尔塔瓦。

1709年6月，查理的全部军队已集中在波尔塔瓦附近。波尔塔瓦城堡虽小，却是个战略要地。因为波尔塔瓦地处几条要道的交叉点，其中南面的一条可通向土耳其和克里米亚，北可通向俄国的造船中心和军事物资储备中心沃罗涅什并可进逼莫斯科。彼得深知

→克里米亚人

波尔塔瓦之战的重要，所以果断地把4万俄军调往该地并亲临波尔塔瓦，决心与瑞军决一死战。

查理十二原以为波尔塔瓦这一小小城堡，瑞军完全可以不费吹灰之力一下夺得。可他却不知此时双方的实力已发生了很大变化。俄军经过改革，装备精良，拥有很好的炮兵，具有丰富的作战经验和先进的作战技术，指挥俄军作战的已不再是随时可能叛变的外国雇佣军官，而是忠于祖国的本国军官，况且俄军有源源不断的后备力量来补充，所以俄军将会愈战愈勇。而瑞典侵略者却是在异国土地上孤军作战，远离后方，无法及时补充兵员、武器和装备。又经过长途跋涉，精疲力竭加之军事上的连连失利，士气十分低落，军队由进入俄国境内的4万多人减为2万多人。大炮、火药严重不足。另外，从两军统帅来看，查理十二狂妄

自大，认为很快就能打败俄军，从而分裂俄国，称霸东欧。而彼得却能头脑清醒地对待战争胜负且经过多年的战争锻炼，已成为一名成熟的军事家。

战斗终于在1709年6月底在波尔塔瓦附近的沃尔斯克拉河拉开帷幕。

枪声一打响，瑞军就猛攻俄军阵地。受伤的查理叫士兵用担架抬着他，巡视全军，声嘶力竭地鼓舞士兵。彼得在总攻前发表了演说："祖国的生死存亡就操在你们手中的时刻业已到来，我军队并非为彼得而战，乃为托付予彼得的国家而战。"总攻的号角吹响了，在俄军猛烈的炮击下，瑞典士兵临阵却步，不管查理怎

离大教堂不远处，有一座按照彼得一世生前1比1比例制作的雕像。

样阻止，也无法召回望风而逃的兵马。经过两个半小时的战斗，瑞军惨败，死伤8 000余人。瑞典王率领一小队骑兵摆脱了追兵，渡河逃入土耳其境内，剩下的近16 000多名瑞典士兵全部被俘。俄军大获

← 彼得一世

全胜。至此号称"英名响彻遐迩"的瑞典军已不复存在。在整个战役中，彼得亲临战场，哪里最危险，哪里便有彼得的身影，他的细毡帽和马鞍都被子弹打坏了。

战斗结束后，在庆功宴上，彼得举杯高呼："为我们的教师瑞典人干杯！"

波尔塔瓦战役是俄瑞战争中决定俄军胜利的一次最重要的战役。这一重大胜利使欧洲诸国对俄罗斯帝国刮目相看，对俄国军队的实力及俄国沙皇的统兵天才深信不疑。从前那些弃之不顾的盟友们又都重新与俄修好。北方联盟除了俄国、萨克森、丹麦、波兰外又增添了普鲁士这个新盟友。

在以后的几年里，俄国继续与瑞典为争夺波罗的海沿岸出海口进行了多次战争。从瑞典手中夺取了里加湾和芬兰湾并攻占了赫辛福斯（今芬兰首都赫尔辛基）。

为彻底消灭瑞典最后一张王牌——海军，彼得又不断壮大俄国的海军力量，在几次海战中，俄新建的舰队打败了瑞典舰队。终于在海上强国的名单中写上了俄国的名字。

1713年，为了表明自己锐意向西方扩张的决心和信心，彼得把俄国的宫廷、参政院和外交使团迁往彼得堡。从此，彼得堡就取代莫斯科成为俄国的首都。新都是通向西方的门户，它象征着俄国文明的发展方向。1721年，俄国和瑞典终于在芬兰的尼斯塔特签订了和约。根据尼什塔特条约，爱沙兰、里夫兰、英格曼兰等省和维堡、开克斯保耳姆两域归属

彼得保罗要塞坐落在圣彼得堡市中心涅瓦河右岸，是圣彼得堡著名的古建筑。

俄国，俄正式取得了芬兰湾和里加湾沿岸的地方，从而结束了历时21年之久的战争，这就是历史上所称的"北方战争"。彼得称这次战争是"花了3倍时间读完的一所充满血腥而又危险万分的学校"，但他认为"虽然等了很久，但毕竟是等到了"。尼什塔特和约结束了旷日

与瑞典的战争尚未结束时，彼得大帝就开始在涅瓦河岸修筑彼得保罗要塞，这是要塞里著名的彼得保罗大教堂。

持久的战争。这个条约在俄国历史上的意义是无法估量的。仅就占有波罗的海沿岸地方这一壮举就足以使彼得流芳百世。他在位期间，俄解决了在两个世纪中未能解决的一项最主要的外交任务。条约确认了俄国的"通向欧洲的窗户"，它获得了与大陆各先进国家进行经济、文化交流的正常条件，彼得堡、里加、雷维尔和维堡成了俄国最重要的对外贸易中心。

　　1721年10月，在彼得的授意下，参政院授予他沙皇彼得大帝、祖国之父和全俄罗斯皇帝的尊号。俄国也正式改国号为俄罗斯帝国。

　　把俄罗斯国家称为帝国，把彼得称为"全俄皇帝"，这反映了俄国的国内状况和国际地位较过去已不可同日而语，俄国终于从一个闭塞的内陆国家变成一个濒海强国，稳步地进入欧洲列强之林。

　　然而彼得的野心并不仅限于争夺通向西方的出海口，他还贪婪地注视着东方。早在16世纪后期，俄国殖民者就已向西伯利亚扩张。17世纪已东侵到靠近中国的黑龙江流域。他甚至还下令占领黑龙江口。1697年，俄国人占领了堪察加半岛，1713年，侵入了千岛群岛。18世纪初期，曾盛传在中国的叶尔羌发现了丰

圣彼得堡1924年曾更名列宁格勒，1991年重新恢复圣彼得堡的名称。

波兰2005年国王奥古斯特二世精制纪念银币

富的金矿，于是彼得多次派人到中国西北部侦察窥探，在1715—1720年间派兵侵占了额尔齐斯河上游地区，建了许多城堡，以作为侵占我国西北和南下侵吞中亚的基地。

当时中亚的希瓦和布哈拉是乌兹别克人于16世纪初建立的国家。由于这里地势平坦、土壤肥沃，又与波斯、阿富汗、中国和印度接壤，是东西方各族人民交往的必经之地，是进行经济、文化交流的重要所在，彼得对此早已垂涎三尺。1716年，他派一支部队到达希瓦，名义上是祝贺希瓦汗即位，实则搜集希瓦和布哈拉两国的经济和军政情报。希瓦汗识破了彼得的阴谋，以供应困难为借口，将俄军分别安排在5个城市，然后各个击破，一网打尽，阻止了俄国向黑海以南地区继续扩张的计划。

改革家彼得

> 不学习，就灭亡。这就是用鲜血写
> 在他跟野蛮作斗争的旗帜上的话。
> ——别林斯基

从彼得大帝轰轰烈烈的一生中可以看到他的活动和斗争主要是围绕两大主题进行的。一是对外不断地进行扩张，二是对内实行改革，对外发动战争是为了打开与西方进行贸易的窗口，为俄国的未来创造一个良好的外部环境。改革的总目的也是为了使俄国更富强，但彼得更直接的目的是打赢正在进行的战争。

为了俄国的强大，彼得一生都在勤奋地工作着。他深信，为国操劳是他生活的主要目的。彼得是一个头脑理智、意志坚强、精力充沛的皇帝。只要没有军事活动，他总是每天很早地起床，处理完一些事务后，在京城各处转悠，巡视工场或机关。下午处理完国事后，亲自起草法律条文，然后到自己工场里的旋床上干活。晚上他经常出宫到大臣、商人或者工匠、水手家里做客。与社会各界人士的交往，使他广泛接触到社会方方面面的情况，因而能更加深入地了解俄国的现实。在缅希科夫、沙菲罗夫等新贵的协助下，力排众议，大刀阔斧地推行了许多改革措施，终于使俄国的面貌发生了很大的变化。

当时的俄国贵族过着饱食终日、无所事事的奢侈生活。他们懒洋洋地拖着华美、宽大的长袍，留着长

→彼得一世漫画

胡子，动作迟缓，因循守旧。这些在彼得看来，都是保守、落后、愚昧、耻辱的象征。1698年，彼得回国，很多领主前来祝贺他平安归来。令这些贵族们震惊的是沙皇拿起剪刀亲自动手把他们那神圣而威严的大胡子给剪掉了。之后，彼得又宣布胡须上的变革是政府政策的象征，剪胡子是全体居民的义务。除了僧侣外，其他任何人都不许留长须，谁反对剪胡须，谁就是反对革新。但留须权可以花钱购买，富商留胡须每年要付100卢布；领主和官员每年要付60卢布，其他居民30卢布，农民可以留须，但每次进城要缴1戈比。有一种专门制造的金属小牌，作为缴纳胡须税的收条。留胡子的人把小牌挂在脖子上，它的正面画着胡须的

→克里姆林宫多棱宫

标记，还写着"须税付讫"的字样，作为合法留须的标志。

1699年，彼得在一次宴会上，又与宽袖长袍的传统服装展开了交锋。他拿起剪刀剪去碍手碍脚的宽大袖子，并下令从此以后禁止穿这种妨碍工作和活动的旧式长袍，只许穿西欧式的短装。

剪须割袍这种改变俄罗斯外观的做法看似微不足道，但对彼得未来的统治，却起了相当重要的作用，表明了彼得要改造俄国的决心。他想向先进的西方学习，在许多方面尽量"西欧化"，然而有许多地方学得过分了些，如强迫朝臣们模仿法国宫廷的礼节、风尚；强迫贵族们不管个人的爱好，必须学会抽烟、喝咖啡、戴假发等等。这些极端、粗暴的做法引起社会各阶层的反感，影响了改革的顺利进行。同时也促成一些蹩脚继承者的产生，助长了盲目崇拜西方文化的恶劣习气。

纳尔瓦之战的败北充分暴露了俄国军队中的弱点，为此他对军队实行了改革：在俄国实行义务兵役制，保障了兵源，提高了士兵的质量。选拔军官也采取了三项措施：从他的近卫团中提拔经过锻炼的下级军官；兴办军事学校培养军官；从外国聘请一些较好的军官。北方战争结束后，俄国军官已占军官总数的9/10。

　　为加强军队建设，彼得还亲自制定了"陆军条例"，在这部条例中，他对俄国的军事思想作了总结。条例反映了沙皇及其将领经过实践的军事思想，奠定了民族军事艺术的基础。1720年1月彼得还制订完毕《海军条令》，这两个章程的制订，使军队有了可以遵循的准则。

　　为了加强军队的装备，彼得大力发展冶金工业、军火工业以及造船工业。到彼得执政末期，俄国陆军（哥萨克兵除外）已发展到130个团，20万人。彼得创

1704年开始铸造的卢布银币和戈比铜币为
彼得一世的货币改革画上了句号。

← 俄罗斯圣巴西尔大教堂和克里姆林宫

建的俄国第一支舰队已拥有48艘大帆船和许多小船，俄国军队已成为保卫帝国和向外扩张的强大力量。

"金钱是战争的动脉"，为应战时之急，彼得曾下令增铸货币，用减少白银含量的货币充斥市场，还增加苛捐杂税。但彼得深知这两种办法不是长久之计，既不能富国也不能强兵，在对西方先进国家的学习中，彼得认识到俄国之所以贫穷、落后主要是因为工商业不发达造成的。而军队力量薄弱也与工商业的落后状况有关。所以他特别注重采取措施发展本国的工商业。首先，他竭力鼓励工场手工业的发展，给予工业家各种重要的优惠和特权吸引商人投资工业。其中包括给予大企业主免税经营其产品和可获贷款、津贴和垄断

权的优惠。这些措施促进了工业的发展。此外，还免除了工厂主对军队承担的徭役和运输徭役。为了能在国内生产那些要从国外进口的产品，他给予外国人在俄国开办工厂的权利，并从外国聘请有经验的技师，由他们帮助兴办官办工场，待工场初具规模后，很多工场就转为民营。兴办工厂需要有大批劳动力。可当时的俄国是个农奴制的国家，自由劳动者很少，到工厂劳动的大多是些流浪汉、小偷、骗子、犯人、逃兵等。为了解决劳动力的来源问题，彼得起初采取强制征用大批农奴的办法，如他曾给乌拉尔11个工厂拨去25 000名国有农奴。1721年，他又颁布一道命令，允许工厂主把整个村庄和农民一起买走，这些农民叫作

→克里姆林宫

"领有"农民，他们除进工厂做工外，还得种地。

总之，经过种种努力，在彼得统治的年代，俄国工业有了不小的发展。冶金、兵工、造船、呢绒、麻布、皮革产品增加了好几倍。生铁生产发展得尤为迅速，1718年的产量已接近英国的水平，乌拉尔生产的铁，其质量比当时欧洲以产铁著名的瑞典的铁还好。到彼得一世统治末年，俄国已有240个工场，其中多数规模小、寿命短，但也有少数规模很大，得以巩固，成为未来俄国工场手工业生产进一步发展的基础，如莫斯科的一家呢绒工场有工人730人，一家帆布工场有工人1 100多人，彼得堡的海军造船厂固定工人竟达10 000人。

为发展国内贸易，便利货物运输，彼得一世便着手开凿两条大运河，运河的开通促进了全俄市场的形成。为了本国工业的发展，俄政府还鼓励增加货物出口，对外国货课以高额关税，限制外国货的输入。凡是本国能够生产的货物，政府都极力提倡减少或禁止进口，以保护年幼的本国工业。彼得还给大商人各种权益、贷款，千方百计地鼓励商人组织公司与外国商团建立起贸易联系。大商人还为沙皇政府承包工程、供应军需，同时在各种经济事务上为彼得出谋划策。为了更好地学会经商，彼得还派商人子弟到荷兰、意

大利等国去学习。

在给商人各种经济优惠政策的同时，彼得很注重提高商人的地位。1699年和1720年，彼得先后颁布了实行城市改革的敕令——建立城市管理机构：在莫斯科设立市政厅，在外省设立地方自治局。建立市自治制度的目的是："政府切望商人不再受各政厅的种种刁难勒索以至破产之苦。"命令还规定，每个城市的居民分为"正规"市民和"贱民"两种。"正规"市民包括商人、艺术家、医生、手工业者；"贱民"包括小工和不属于行会的手工业者。只有"正规"市民才可以在会议上讨论市政，在他们中间选举市长，管理城市工商业、负责税收、改善市政、解决市民纠纷等。这种自治制度是对西欧一些国家政治的模仿。不过这项改革还是保护了大工商业者的利益，对促进俄国经济、文化的发展还是起了很大作用的。

彼得在改造军队、发展工商业的同时，还特别注意发展科学、教育和文化事业。他深知无论是在战争年代还是和平建设年代，国家都离不开知识和人才。因此，他把一批批俄国青年，特别是俄国贵族子弟送往国外，学习政治、军事、经济、科学技术以及建筑艺术、语言文学、绘画等文化艺术。这些留学生学成归来后，彼得还亲自当监考官来测试他们的学习成绩，

←克里姆林宫天使长大教堂

对那些勤奋好学、成绩优良者大力褒奖，对那些华而不实，碌碌无为者严加惩戒。

为在国内培养更多的人才，彼得在国内开办了学校，如初等数学学校、海军学校、海军学院、炮兵学校、医务学校、矿业学校等，培养贵族和普通市民子弟，多方面造就国家建设所需的各种专门人才。在彼得堡还建立了科学院，并拨出巨款为科学院使用。在彼得逝世之后的1725年，科学院正式建成并举行了第一次院士代表会议。此外，他还组织人手把西方许多科技书籍翻译成俄文。

彼得还废除了以9月1日为一年之始的"创世历"，采用许多欧洲国家通用的历法即从1月1日为一年开端的"儒略历"。

1702年底，彼得为把"国泰民安"的消息向全民传播，创办了第一份俄文报纸《新闻报》，它的问世成了宣传革新和军事胜利的最得力的重要工具。报纸除登载有关工业建设、矿藏开发等方面资料外还刊登重大国际事件。彼得自己也任报纸编辑。随着报纸发行量增大，该报拥有愈来愈多的读者，影响面越来越大。

在文化领域，彼得对俄文字体进行了改进。过去通用的俄文字母是旧式教会斯坦夫字体，比较繁杂，不利于推广，改进后的俄文字母书写形式简便。自1708年以后，印刷的书都是采用改革后的字体。另外对数的表示法亦进行改革。1703年出版的教科书《算术、或计数之学》即用改革后的阿拉伯数字刊印的。

→克里姆林宫沙皇炮

彼得时代，书籍的普及是规模空前的。从1708年到1725年，国内出版的320多种图书中，有军事、法学、文学作品、各类词典、历书等。在这些出版物中翻译作品占相当大的比例。

1702年在莫斯科红场上，建造起了一座喜剧宫，这是俄国第一座向公众开放的剧院。还设立了各种娱乐设施。此外，在彼得堡还创立了俄国第一座博物馆和公共图书馆。

彼得通过种种措施，为俄国培养了各方面的人才，满足了国家的需要，提高了国家的文化水平，西欧国家再也不把俄国看作是"半野蛮的国家"了。

在战争年代，旧的国家机构臃肿、腐败的弊病暴露无遗。要想贯彻各项改革法令，改变俄国的落后面貌，不对国家机构进行改革是不行的。

改革前，俄国的最高权力机关是领主杜马（杜马：俄国"议会"一词的音译），杜马下边有很多政厅。有些政厅如军政厅、领地政厅、射击军政厅等是管中央事务的；有些政厅和西伯利亚政厅、喀山政厅等是管地方事务的。17世纪是政厅制度的鼎盛时期。但政厅制度明显的弊端是各机关之间缺乏明确的分工，机关工作迟滞，各职能机构的权限和义务不明，规章制度不健全，因而使机关林立，官吏多而腐败无能，办事

效率低下。而且杜马成员全是旧王公和领主的代表，他们对彼得实行的一些改革十分反感。针对这一情况，在17世纪下半叶，彼得对这些缺陷开始进行试验性改革。他命令成立枢密院以代替杜马，并在参政院之下设立12个院，分管外交、财政、军事等事务，以代替政厅。这一改革简化了庞大、臃肿的机构，明确了各院的职权范围，同时实行高度集中。原先的杜马成员有190人，而现在的参政院成员才9人；过去的政厅有数10个，现在的院才10多个。更主要的是过去任命官吏是以贵族门第为标准，实行世袭制；而现在则是以才干和忠心为标准，随时都可以撤换。

同这些院并列的还有其他中央机构。其中占有特殊地位的是宗教事务管理局，是教会的最高机关。

彼得废除了可以同沙皇分庭抗礼的东正教牧首的职位，设立宗教事务管理局，其目的是使教权从属于世俗的政权。因为过去大部分高级教士极力反对彼得的改革，阻挠改革的进程。而宗教事务管理局的设立特别是《宗教事务管理条例》的制订和颁布使管理宗教的官吏必须宣誓效忠皇帝，无条件地执行皇帝的全部命令，主教也不得以任何理由干预世俗事务和仪式了。这样彼得就排除了教会的阻力，可以大刀阔斧地实行他的改革了。

1708年，彼得着手进行行省制改革。全国划分为八大行省。1719年，又分为50个省，省督从属于最高当局，集政、法、军大权于一身。改革的实质是在旧县制和莫斯科中央直辖各县的机构之间设置新机构——省政机关。省政机关服从于中央机关，这样加强了全国的集中领导。省级机构加固了地方政权。

1722年，彼得颁布了《品级表》。这份诏令反映了沙皇对贵族官职大小的观点。在彼得即位前，官位的高低一律以门第和出身为标准。只有贵族的后裔才有希望加官晋爵，实际上形成世袭。《品级表》将所有官

← 克里姆林宫圣母升天大教堂

阶分为14个等级，根据官员的才干、学识和勤奋程度提拔官员。《品级表》所规定的晋升制度，保证了非贵族出身的人中有真才实学、做出贡献者可得到提升，甚至最后可成为贵族。实际上，这种不拘一格，大胆使用人才的精神，早在实践中应用了。现在不过以法律形式定位而已。比如过去卖馅饼的缅希科夫被封为特级元帅、陆军院院长；商店小伙计出身的沙菲罗夫被提拔为副总理大臣；风琴演奏师的儿子雅古任斯基当上了总检察官。这些人后来都获得了贵族称号。

彼得把他的这些改革法令称为"真理的堡垒"，因而人人必须遵守。特别是对官吏来说，遵守和执行这些法令是头等大事。他规定：凡破坏法令者，一律处以死刑。为了监督官吏执行法令的情况，起初他设立督察官，后改由枢密院的首席秘书和按沙皇旨意行事的近卫军军官执行。但这些军官鱼肉乡里。彼得看到这种监督形式不力，便于1722年设立了以枢密院总监察官为首的监察署，总监察官由沙皇本人直接领导，沙皇称总监察官为"沙皇的眼睛"，他紧紧盯着各级部门的监察官，使各级部门勤奋地履行自己的职责。

彼得的这些改革，加强了俄国的中央集权，促进了俄国经济、文化的发展，增强了国家的实力，保证了对外战争的胜利，在客观上加速了正在萌芽中的俄国资本主义生产关系的发展。

彼得实行改革的最终目的是巩固和加强俄国封建贵族的统治。为实现这一目的，他对贵族和官吏自身也进行了一场改造。

在彼得看来，过去的俄国官僚和贵族终日拖着宽大的锦衣绣袍无所用心，他们是愚昧、保守、落后、无能的社会寄生虫，是腐朽、没落的代表。为把他们训练成有所作为的统治者，使他们能安邦治国，他采取了一些严厉的措施，使他们破除旧习，改变生活方式；让他们学习、服兵役，有时甚至采取强制手段。

符拉迪沃斯托克在1860年前属中国领土，1860年《中俄北京条约》签订后被沙俄占领。

　　1697年在彼得率领的第一个出国考察使团35名留学生中，23人拥有公爵头衔。1714年，彼得对全国13岁以上的贵族青年进行调查。根据调查的情况，有的被送入学校，有的被派往国外，有的被送到军队服役。

　　在彼得时代，贵族老爷们再也不能在庄园里过养尊处优的生活了。他们要在陆军和舰队里服役，在战场上出生入死，同瑞典国王训练有素的军队打仗。贵族们不得不穿上军官服装，在营房和办公室里忙于各种公务，他们把这种当差视为能使他们倾家荡产的沉重负担，因为当了这种差，他们的庄园产业就无人去照管了。于是许多贵族想尽办法逃避。

　　贵族的纨绔子弟们同样也十分厌恶彼得规定的另一项义务——学习。当时有人说："在偌大一个俄罗斯，哪个名门望族都必须承担将8至18岁的子弟或其他亲属送到海军学院去就读的义务。"可对学习根本不感兴趣的贵族常常辜负彼得的殷切期望。如留

→克里姆林宫政府大厦

学生戈洛文在意大利呆了几年，回国后彼得亲自对他测试一番，看看学习成果如何，谁知他竟一道题也没答出来。彼得问他在国外都干了些什么，他说："抽烟、喝酒、寻欢作乐。"

在国内，为了让贵族们好好学习，彼得把学校办得像兵营，学生们则像新兵，对学生们实行军事化管理。上课时，近卫军手拿皮鞭坐在教室里，谁要是不守纪律，无论他出身何等高贵都免不了要受皮肉之苦，贵族们往往受不了这般约束，纷纷逃避，有的竟躲到修道院里避风头。当时人们把这些逃避学习和服兵役的贵族子弟称为"下落不明者"。为了惩戒这些人，彼得下了一道敕令，规定全国居民谁告发了"下落不明者"，谁将获得后者的土地和财产。元帅舍利麦捷夫的弟弟瓦西里不愿让儿子出国留学，故意让儿子在出国前结婚。彼得得知此事后气愤地说："无论是元帅的弟弟还是元帅的侄子都得遵守敕令。"他下令撤了瓦西里的官职，把他发往建筑工地去劳动，并封闭了他的宅府，他的儿子则被强制送往国外学习。

为了教育改造好这些逃之夭夭的贵族子弟，使他们安心地在营房和机关里供职，刺激贵族对服役、学习发生兴趣，于1714年彼得仿照西欧的长子继承制，颁布了《长子继承令》。诏令规定贵族必须为国家利益

服务；贵族的全部不动产只能由一个儿子继承；其余无地产的儿子由于没有生活资料，必须靠服公务、靠学习和经商或其他行当去谋生。此外，他还制订了一些其他条款作为补充：禁止尚未学会算术和几何的贵族子弟娶妻；不得将未在近卫军中当过列兵的贵族晋升为军官；只有在军队中服役满7年或做文职工作满10年或经营商业满15年者方可置办地产，否则"到死"也不得购置田产。如前所述1722年彼得颁布的《品级表》规定如果没有一定的文化和才干，贵族子弟将失去当官的机会。

彼得颁布的各种法令是靠惩戒措施来推动的。诗人普希金曾说过："彼得的某些诏令，看来是用鞭子写成的。"对那些习惯于不劳而获的贵族来说，彼得的改革无疑是致命的打击。他们对彼得的改革非常不满，总梦想恢复过去的旧制度，重新过安逸、舒适的生活。他们把希望寄托于太子阿列克谢身上。

太子阿列克谢从小就生活在一个养尊处优、保守封闭的环境中，长大成人后，他的气质、性格和精神风貌都与彼得形成鲜明对比，在政治上走上了与他父亲彼得截然相反的道路。

1689年，17岁的彼得奉母亲之命与叶芙多基娅结婚。第二年叶芙多基娅生了一个皇子取名阿列克谢。

← 曼特罗基童话般的木屋

可彼得并不爱叶芙多基娅，因为她虽是个美人，但目光短浅，满脑子旧思想。1689年，彼得结束周游欧洲列国，回国后与叶芙多基娅离婚，并把她送进了修道院。1711年彼得宣布娶叶卡捷琳娜为妻。叶卡捷琳娜原是一个牧师的女仆，在1702年俄军围困马林堡时被俘虏，曾先后成为舍列麦捷夫和缅希科夫两位元帅的情妇。1703年，彼得在缅希科夫家里见到她，立刻为她的美丽、温柔所倾倒。从此，她又成了彼得的宠姬。叶卡捷琳娜不但妩媚多姿，而且体魄健美，能吃苦，对远征的艰苦生活视若等闲，经常陪伴彼得出征，深得彼得宠爱。彼得置贵族出身的名门闺秀和西欧宫廷的公主们于不顾，而去与一个无名女俘联姻，全然不把千百年来的神圣传统放在眼里，这分明是对旧习俗的大胆挑战和否定。

太子阿列克谢由于生母被彼得所废，因而对父亲非常愤恨。而且他从小就生活在母后身边，深受目光短浅的母亲及其左右修道士、神父等保守、落后人士的影响。而父王对太子的培养教育也很少关心，这固然与沙皇多年的南征北战相关，也因太子系前皇后所生有关。不过从早期来看，彼得还是有意让阿列克谢继位，因为继承王位者没有第二个人选。另外太子天资也很高。然而太子疏懒成性，毫无进取精神，他从

孩提时代起就同母亲和宫女生活在一起，除了室内游戏外，一无所知。他厌恶学习，厌恶工作，只愿吃喝玩乐，常常喝得酩酊大醉。1712年从国外回来的阿列克谢害怕考试，竟朝自己手掌开了一枪，逃过了考试。1707年，当瑞典王查理东进时，彼得命他加强莫斯科的防御工事，但皇太子只知饮酒作乐，办事拖沓，没能很好地完成任务。有时彼得让太子领兵打仗，太子却装病不去。太子的种种所为使彼得极为不满。一次，他在信中威胁道："如果太子再不改弦更张，使自己成为合格的继承人，就剥夺他的继承权，去当僧侣。太子竟回信说他愿意放弃王位去做僧侣。但彼得却怀疑太子宣誓放弃王位不是出自真心，便劝太子再重新考虑一下自己的决定。

　　谁知1716年9月，太子突然失踪，他先后化装成俄国中校军官、波兰骑兵军官辗转跑到了维也纳，因为奥地利皇帝是他的连襟，他打算依靠奥地利的援助，在俄国反对改革的大臣和贵族支持下夺取王位。

　　然而不久以后，阿列克谢的行踪被发现了。彼得派富有经验的外交官前往维也纳交涉。奥皇害怕因此事而招来俄军入侵，使两国关系复杂化，便不敢再保护阿列克谢。1718年1月，太子阿烈克谢被引渡回国。

　　太子回来后，彼得在追问阿列克谢外逃原因时发现太子的外逃绝不是毫无恶意之举，他离开俄国不只是为了摆脱修道院的幽禁生活，而是有很多反对彼得改革的官员参与的严重政治事件。自己的亲生骨肉竟然是个叛徒，问题变得严重起来。但彼得不想用自己

→莫斯科胜利广场（纪念二战胜利）

的手去处置太子，因为他曾答应太子在他回国后宽恕他的过失。于是彼得便成立了一个法庭，在法庭上他严厉谴责了太子

← 彼得一世审问太子

谋反的罪恶企图。太子也供认不讳，宣称要夺取王位，他想在整个俄国煽动暴乱，如果沙皇要把他的同党一网打尽的话，他就要血洗俄国。太子还声称自己是俄国古老习俗以及宗教信仰的维护者，而且因此赢得了人民的同情和爱戴。

审判后的翌日，即1718年6月14日，太子被逮捕。6月24日，在彼得的授意下，太子被判处死刑。判决后的两天，阿列克谢因忍受不了肉体和精神上的折磨死于狱中。

沙皇彼得与太子阿列克谢的矛盾和斗争不仅仅是家庭内部的争斗，更是现实的俄国与未来俄国的两种观念的斗争，是改革与反改革的斗争。

镇压人民起义

追两只兔子，将会一无所获。
——陀思妥耶夫斯基

彼得改革的内容涉及社会的方方面面。它从整体上改变了俄罗斯的面貌，带动了一个民族的崛起，但也冲击了一部分人的利益，虽然引起一些贵族的强烈反对，不过从根本上来说改革还是巩固封建贵族的统治，维护封建农奴制度。真正能从改革中获得好处的还是贵族、僧侣这些特权阶层，而处于"人下人"的农民是俄国当时最基本、最广泛的劳动大军。在彼得年代，他们的生活和地位不但没有任何提高和改善，反而因连年的战争，处境变得更加恶劣，生活更加贫困。

彼得为筹措战争经费，一靠铸造成色不足的货币以暂时渡过难关；二靠增加苛捐杂税来填充国库，不论采取哪种办法，最终沉重的负担还是落到劳动人民的头上。为建设海军、改革军队、向国外购买武器等等庞大的军费开支，贵族们都不肯拿出钱来，重担转嫁到农奴身上。政府也巧立名目，加重对农民的剥削。在几年之内，赋税增加了4倍。除人丁税外，盐、烟、酒等的间接税也增加了，连木头房子的烟囱和窗户、洗衣盆、棺材也要课税，甚至连巴什基尔人的眼珠子是黑色或灰色的也都要纳税！此外还有各种"捐献"和摊派。地租更是有增无减。地主中间流行着这样的话："不要让农民长得毛蓬蓬的，应该像羊一样地把他们身上的毛剪得精光。"

农民除必须缴纳各种苛刻的捐税和地租、给地主服劳役之外，还要给国家服兵役和各种劳役。当时服兵役是终身制，除了伤残或战死外，士兵终身不得返回家园。服各种各样的徭役也是个沉重的负担：修工事、筑堡垒、建工场、挖运河……无论气

←圣彼得堡巴维尔庄园式的皇宫

候多么恶劣，农民都得在皮鞭的威胁下辛苦地劳作。恶劣的条件加上过度的劳累使成千上万的农民悲惨地死去。一批批的农民又被不断地抓来顶替。农民憎恨彼得的残暴统治，称他为"是制造孤儿寡母的沙皇！"

　　苛捐杂税使下层居民难以维持生计，连射击军的军饷也被削减40%，而生活必需品的价格却在不断上涨。对彼得割须剪袍的命令，老百姓是敢怒不敢言，况且执行命令的方式又十分粗暴，使人民的反抗情绪愈来愈高涨。终于，1705年7月30日，在伏尔加河下游的阿斯特拉罕，市民和射击军杀死了该城的府督，占领了该城。

　　为扩大起义的队伍，他们还呼吁顿河哥萨克和察

→莫斯科红场附近街景

里津人声援。然而由于他们提出的社会纲领过于狭隘，局限性大，未能把广大的人民群众发动起来。

彼得闻讯后，立即意识到局势的严重性，怕事情继续闹大，影响他正在进行的战争，让敌人乘虚而入，他派舍列麦捷夫直接从战场率领步兵和骑兵营前去镇压。1706年3月，舍列麦捷夫攻下城池，逮捕了起义领袖和骨干，把他们押往莫斯科。经过严刑拷打后，起义的组织者被车裂，近300名起义者被送上了断头台和绞刑架。

起义平息后，为防止更广泛的农民起义爆发，彼得未采取更严厉的镇压手段，同时还调整了一些对内政策。如命令停止征收欠税，改变某些税收制度。

这次起义刚被平息下去，1708年4月又传来顿河起义的消息。

顿河流域的居民哥萨克人实行的是自治制度，他们有自己的首领，也不实行农奴制，他们从不出卖逃亡到这块地方来的人，即"顿河不干出卖的事"。哥萨克的自由生活使众多的农民羡慕不已，纷纷跑到顿河哥萨克避难。

占领亚速后，顿河地区被划入国家管辖的领土。政府对自治的顿河区不断施加压力，要求交出逃亡的农奴。这引起前来投奔的农民以及居住在顿河下游的

→莫斯科国民经济展览馆

富裕哥萨克人的不满，因为交出逃亡的农奴，就等于剥夺了富裕哥萨克的廉价劳动力。

　　起义的导火索是沙皇在1707年7月向多尔戈鲁基公爵发出的一道命令。沙皇派公爵去顿河遣返所有的逃亡农奴，连同他们的向导、妻室儿女都要回到原来的城乡。这种做法激怒了逃亡者，他们在统领布拉文的领导下，杀死了多尔戈鲁基和他率领的部队。起义规模不断扩大。彼得害怕事情愈闹愈大，急忙派多尔戈鲁基公爵的弟弟率军前往镇压。彼得还下令"凡参加起义的城乡一律夷为平地，要烧得片瓦无存。人要斩尽杀绝、车裂而死或钉在木桩上以儆效尤"。

但起义烈火愈烧愈旺。5月起义者占领了顿河军的首府切尔斯克，推选布拉文为统领。然而，7月由于起义军队伍涣散、内部分裂，布拉文也死于队伍内部阴谋之中，但有的起义军还是与政府军周旋了两年之久。1708年，政府军最终占领了各主要起义地区，按彼得的命令，这些地区的男子几乎全部被杀光。

在彼得统治年代，曾多次爆发过起义，但都被彼得镇压了下去。

彼得的改革固然有其积极意义和对社会巨大的推动作用，然而为推行这些改革，有多少俄国人为之付出鲜血和生命。正如诗人普希金所说："严厉的沙皇既让俄罗斯腾空而起，又用铁笼头将它拽住。"

← 彼得大帝殿（夏宫）

孤独的晚年

耐心与持久胜于暴力与激怒。
——封登

在俄国与瑞典缔结尼斯塔特和约以后，俄国已经打开了通往西方的窗口，取得了许多优良的海港，可以自由、方便地与西欧国家进行商贸、文化交流了。然而，沙皇扩张领土的野心随着国力增强更加膨胀起来。他在波罗的海占有大片土地，还想在南部黑海两岸也占有更多领土，这样可以用一条水路把北方的波罗的海和南方的黑海连接起来，从而更加有利于贸易发展。

1722年年初，就在俄国宫廷在首都莫斯科庆祝尼斯塔特和约签订的时候，忽然传来波斯发生内乱的消息。彼得决定利用这一机会进攻波斯。7月份，彼得在阿斯特拉罕召集了5 000名水手、22 000名步兵、9 000名骑兵，分别从黑海和陆上开赴波斯。8月23日，俄军占领了杰尔宾特城。原打算继续向南挺进，谁知一

场狂风暴雨使船只损失惨重，骑兵也乱作一团。迫于
无奈，彼得只好把主力部队撤回到阿斯特拉罕。1723
年，俄国的黑海舰队占领了巴库等地。波斯被迫同俄
国签订彼得堡条约，将黑海西部的杰尔宾特、巴库等
地都割给了俄国。这次远征，虽然未完全实现彼得的
扩张野心，但使俄国增强了在南高加索的势力。

至此，俄国已发展成欧亚大陆举足轻重的大国。
俄国的疆域北至白海边的阿尔汉格尔斯克，南达黑海
西岸巴库等地，西濒波罗的海，东临太平洋。

此后，彼得再也无力从事大的战争，而埋头于整
顿内政了。他刻意经营彼得堡，尽力把一些新事物给
予这个新都。使它无论在建筑布局还是在文化建设上
都力争成为王权的象征和改革新时代的标志。他认为

← 『阿斯特拉罕』号

建立新都是他在位时期的丰功伟业之一。

从 1718 年起，彼得在繁忙的工作之余参加编写《北方战争史》的工作。《北方战争史》不仅叙述了北方战争的全部经过，也介绍了他执政时期的其他业绩，只是这本书在他逝世时还未写完。

彼得的晚年是孤独的。他对改革措施的执行完全寄希望于惩罚和镇压措施上。所以在旧贵族中，对他的改革支持者少，而反对者却很多。正如政论家波索什科夫所说："我们的这位伟大君主，舍身忘我地工作，但却一事无成，因为愿意帮他一把的人不多，他一个顶十个往山上拉，却有几百万人往山下拽。"彼得的晚年被一些亲信的侍从所包围，变得不大与人来往，性情孤僻、容易发火，心力交瘁。昔日炯炯有神的目光和威武雄姿再也见不到了。他常常一连几个小时地呆坐不动。他经常在考虑把自己以生命换来的基业托付给谁这

→叶卡捷琳娜一世

件头等大事。

在彼得的继承人候选者中有他的孙子——太子阿列克谢的9岁的儿子，沙皇对他的感情极为矛盾复杂，既对他很疼爱，又担心他步其父后尘。

彼得还有两个女儿——安娜和伊丽莎白。虽对她俩宠爱有加，然而长女安娜已订婚，小女儿伊丽莎白还不满15岁，她俩都不具备继承人所需的素质，把政权交给她们，彼得是不放心的。

除了上述人选外，他的亲属中只有叶卡捷琳娜了。他深知他的"知心朋友"（他这样称呼叶卡捷琳娜）虽然不具备治国的才能，但还是可以依靠和信赖的，认为她能驾驶俄国这只航船，沿着他开辟的道路前进的。

于是为给叶卡捷琳娜当女皇制造舆论，彼得在1723年颁布的专门上谕中，使用许多赞美之词，说明她是皇上本人坚定不移的助手，随他南征北战，历尽艰辛。1724年3月，彼得举行豪华而隆重的加冕典礼，

正式封叶卡捷琳娜为女皇。

由于连年战争、长期在外奔波，加之不听医生劝告，酗酒成性，在去世前几年，彼得身体经常患病。终于在1725年1月28日因尿毒症急剧恶化在极度痛苦中逝世。

彼得的一生是不断征战的一生。他逝世后，国际上盛传他曾立下遗嘱，让他的子孙后代征服欧洲，侵略亚洲，进一步夺取海域，称霸全球。虽然许多学者认为这个遗嘱是伪造的，但彼得一生的对外征战完全体现了这个"遗嘱"的精神。他的继承者们孜孜以求的也正是这种世界霸权。恩格斯曾说彼得

叶卡捷琳娜宫殿是彼得大帝1708年为妻子叶卡捷琳娜一世建造的。

一世是一个"向自己的继承者指示种种侵略方针的帝王"。彼得也的确为他的继承者们开辟了一条进一步扩张的道路。

彼得是一位叱咤风云的封建皇帝。他文能治国，武能安邦。敢于向"神圣"的传统挑战。他大胆改革，使俄国在政治上、文化上、军事上、思想观念上开始走向近代化。彼得不愧为俄国近代化之父。同时，我们也应明确这位沙皇也是俄国近代向外扩张的始作俑者。这就是历史的真实。

彼得一世与圣安德烈·佩尔沃兹万内勋章

> 该勋章作为忠诚、勇气以及为祖国建立的各种功绩的一种报答与奖赏，是对所有崇高和英勇美德的一种奖励。
>
> ——彼得

圣安德烈·佩尔沃兹万内勋章最早源于一种宗教荣誉，在英语中被译为圣安德鲁勋章，传说他是耶稣十二门徒之一，相传是被钉在 X 形的十字架（也就是斜十字架）上而亡，后世就以他的名字来称呼 X 形的十字架，这种十字架我们不仅会在这种勋章的图案上看到，而且在不少国家发现这一形象，俄海军的安德烈旗也是采用了这种蓝白相间的十字图案。圣安德鲁是苏格兰的守护神，同时也是希腊、俄罗斯和罗马尼亚的守护神，俄罗斯对他的崇拜也早已有之。

彼得一世进行的诸多改革中，同时也决定设立俄罗斯帝国独有的奖赏制度，他亲自制定了这种勋章的图案，"作为一种公开的恩赐和特权符号，以鼓励在战争与和平时期，勇敢和忠诚的服务及其他功勋"，勋章様式接近于古老的苏格兰蓟花勋章。1698年8月30日（按照俄旧历，9月1日是新年的第一天，现在研究也有把11月30日圣安德鲁日这一天认定为此勋章设立日），彼得一世正式设立了这种只有独立一级的勋章，并以俄罗斯的守护神圣徒安德烈·佩尔沃兹万内命名这种勋章（这里应该是采用的音译，按照英文译法，可译为圣安德鲁勋章）。首先选择俄罗斯大地与天空的

← 彼得一世佩戴圣安德烈·佩尔沃兹万内勋章肖像画

保护神来命名这种勋章有强烈的政治意味，反映出彼得的一种愿望和立场，那就是利用一切手段来加强俄罗斯国家威信，使俄罗斯平等于其他欧洲国家。守护神圣徒安德鲁也是一位航海家，他毕生周游世界，他的名字之所以被选作俄罗斯最高勋章的名称，他的这种经历在一定程度上也可能发挥了作用，因此彼得在1699年也选择了安德烈旗作为俄罗斯海军旗，也显示了彼得建立强大俄罗斯海军的志愿。

目前已知最早的描述圣安德烈·佩尔沃兹万内勋章颁发草案出现于1720年，"该勋章作为忠诚、勇气以及为祖国建立的各种功绩的一种报答与奖赏，是对所有崇高和英勇美德的一种奖励"。勋章草案上面详细

安德烈旗——俄罗斯的海军旗

俄罗斯帝国奖赏系统的部分勋章

记叙着关于这枚勋章的图案和佩戴等规定，包括勋章图案中双头鹰黄金皇冠价值85卢布，授予对象不仅授予包括建立军事功勋的军人，还包括公务人员以及非俄罗斯人都可以获颁此勋。

在勋章获得者一章中，对获得者有着明确的规定。获得者民事官员必须拥有伯爵、枢密官、大臣及等其他高等头衔，军官则为将军和海军将官，草案中还规定省长也可以获得该勋章，但必须达到至少10年完美忠诚为帝国服务的标准。此外，还要求勋章获得者必须不得有身体残疾，年龄不得小于25岁等。其中还规定了每年授予圣安德烈·佩尔沃兹万内勋者不应超过24人，其中俄罗斯人12人等。此外还发现有1729年、1730年和1744年勋章颁发草案版本。

1797年4月5日在保罗一世登基这一天，俄罗斯帝国的四种勋章颁发条例正式对外公布，这一天也成为俄罗斯奖赏系统发展史上的重要一天。沙俄官方正式以

→ 1835年勋章项链饰品细节

立法的形式确立了圣徒安德烈·佩尔沃兹万内勋章在俄罗斯帝国奖赏体系中的最高奖赏地位，其中又以钻石版最为尊贵。1797年颁布的勋章条例不仅规定了圣安德烈·佩尔沃兹万内勋章的最高地位，还严格规定了此勋章各个部件的尺寸，钻石尺寸大小，具体的佩戴规定等等。其中详细规定了佩戴圣安德烈·佩尔沃兹万内勋章时的服装。在勋章日这一天，皇室人员要披长绿色天鹅绒斗蓬，上面装饰有银线和穗子，左胸部着勋章星章，头戴插有红色羽毛的黑色天鹅绒的帽子，肩挎浅蓝色挂有勋章的绶带。也可以在其他盛大隆重的场合采用颈绶的方式佩戴。需要说明的是，在18世纪的圣安德烈·佩尔沃兹万内勋章和星章式样多种多样，这些式样我们在18世纪的部分勋章获得者肖像画上可以看到并得以证明，而在19世纪的勋章上就要相对严格和规范得多，这应该是1797年正式颁发勋章条例进行了统一规范的原因。

←1835年勋章项链饰品细节

　　在随后发展中又多次对1797年勋章条例进行了补充与修改，在1797年前，任何勋章获得者可以把宝石镶嵌在勋章上，自1797年起，镶嵌着钻石和金刚石的勋章和星章成为特殊等级的奖赏。

　　整个帝国奖赏系统发展史中的重要事项还有：

　　1831年12月13日俄罗斯奖赏系统中增加了波兰的白鹰勋章，圣斯坦尼斯拉夫勋章。

　　1842年5月23日，外国勋章获得者获得勋章同时会收到获勋证书和星章，以及用于佩戴勋章的一条金项链。圣安德烈勋章颁发条例异常的严格，比如说非东正教徒不能佩戴教徒的勋章。

　　自1844年8月9日，当时的沙皇下诏授予非基督徒的勋章用俄罗斯帝国的双头鹰代替的勋章中的十字

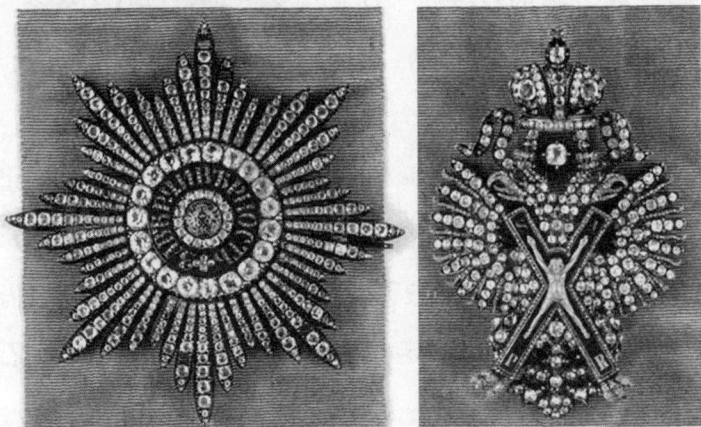

钻石版圣安德烈·佩尔沃兹万内星章和勋章

架和圣人这些宗教图像。

　　自 1855 年所有俄罗斯帝国在勋章及其星章上增加了两把交叉的金质宝剑（圣格奥尔基勋章除外），以授予军事功勋，以区别与民事功绩。在圣安德烈·佩尔沃兹万内勋章上，宝剑的位置在双头鹰头部上方，皇冠的下方。

　　圣安德烈·佩尔沃兹万内勋章图案是头带金色皇冠的双头鹰形象（双头鹰是俄帝国的标志），双头鹰黄金皇冠价值为 85 卢布，图案前面是背景为蓝色珐琅的圣安德烈·佩尔沃兹万内钉在十字架上的形象。在 X 形十字架的上下四端，分别有四个拉丁字母 "SAPR"，代表着俄罗斯守护神圣安德烈·佩尔沃兹万内。虽然勋章条例规定只有独立一级，但实际上钻石版才是最高等级勋章。

　　除了带钻石和不带钻石的勋章以外，在设立勋章

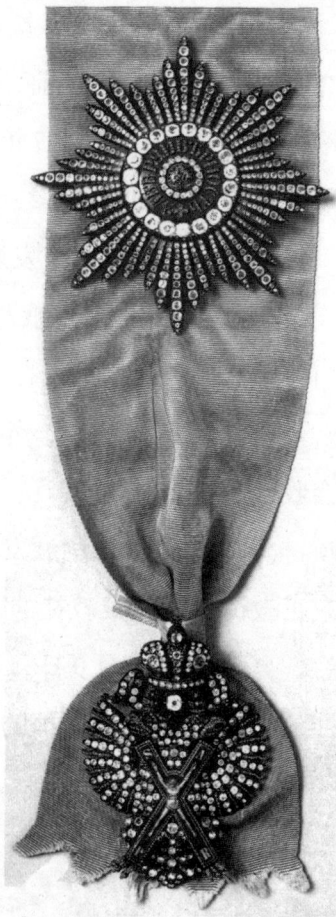

← 用于大授的勋章及星章

的同时还包括勋章星章，这种星章是较大的带有银镶边的八角形银星，章体中央覆盖着蓝色的珐琅圆环，上面有"信仰和忠诚"字样，星章佩戴在左胸。星章上存在一些变化。在18世纪，勋章星章出现了，此时的星章采用皮革内衬，再在布料上面用金银线刺绣制成星状的勋章。从19世纪开始，主要是1812年俄罗斯卫国战争以后，出现了金属制的勋章星章，材质通常是银质或少量的金质，在19世纪中期取代了刺绣版的勋章星章。徽章上的钻石装饰品有真品钻石，也有所谓的"钻石"，就是加工的金刚石制品。也有勋章获得者把星章的假钻石替换成真钻石，出现这种假钻石可能是由于勋章制作原材料的缺乏。

这种星章最后发展称之为圣安德烈·佩尔

→佩剑勋章星章

← 彼得一世颈授方式佩戴圣安德烈·佩尔沃兹万内勋章肖像画

沃兹万内十字勋章，这种称法源自圣安德烈·佩尔沃兹万内勋章中的传统 X 形十字架。在彼得罗芙娜，也就是伊丽莎白一世统治时期以后，圣安德烈·佩尔沃兹万内勋章又增加了用黑色珐琅制作的俄罗斯帝国雄鹰背景，这种圣安德烈·佩尔沃兹万内十字勋章也是钉在天蓝色宽绶带上，从右肩斜挎到左胁下大授方式佩戴。这种天蓝色绶带在其他国家勋章上也有采用，包括英国英格兰的最高勋章嘉德勋章、法国的圣灵勋章、丹麦的白象勋章、瑞典的六翼天使勋章。也可以

在一个隆重的正式场合，用上面配有五颜六色珐琅的一条金制项链采用颈绶的方式佩戴，因此圣安德烈·佩尔沃兹万内勋章有两种佩戴方式，大授和颈授。

由于圣安德烈·佩尔沃兹万内勋章所处的最高等

→佩戴最高勋章的尼古拉二世

级地位，因此其次序位于所有勋章之首。

圣安德烈·佩尔沃兹万内勋章颁发条例写道，勋章作为一种奖赏，授予忠诚、勇敢和其他为祖国建立的功勋的英雄，以鼓舞和奖励这些崇高的英雄业绩，勋章这

佩戴圣安德烈·佩尔沃兹万内勋章的彼得大帝

一清晰可见的标志是一种巨大的荣誉，是对这些功绩的一种奖赏，是崇高的敬意和对荣耀的赞许，获得钻石版勋章更是一种特别显赫的荣誉。

获得圣安德烈·佩尔沃兹万内勋章，不仅可以获得名誉上的提升，还会同时获得领地和其他赠品。1892年勋章条例中就规定，12位勋章获得者（包括三位神职人员）中，最高级的6位勋章获得者每年养老金1 000卢布，其余每年800卢布。

颁发条例同时详细规定了可以获得该勋章的官职等级，只有三级以上公职人员才有资格获此荣誉。授

予这最为尊贵勋章的权力只属于沙皇本人。

在俄罗斯帝国时期，获得圣安德烈·佩尔沃兹万内勋章者也同时自动获得亚历山大·涅夫斯基勋章、白鹰勋章和一级圣安娜勋章、一级圣斯坦尼斯拉夫勋章，而且获此勋章的低别级军事将领将自动提升为中将和海军上将，当然也只有三级官职以内人员才有获此勋章的资格。

彼得二世也想尝试建立奖赏体系，但彼得一世改革已经确立了官方的勋章奖赏制度，把每年11月30日固定为圣安德烈·佩尔沃兹万内勋章日，在这一天把勋章获者们集中起来，盛装出席在彼得堡教堂进行的盛大祈祷仪式，然后一起核对获得者名单，最后互相探访。彼得堡大教堂是这种勋章的圣堂。

→保罗一世佩戴着帝国最高等级勋章

这里同时介绍一下与该勋章有关的部队荣誉标志。在十月革命前，有十多个禁卫团部队的标志采用了这个最高等级勋章中的要素，包括星章上的十字架和天蓝色绶带来做为部队荣誉

←勋章的正反面图案

标志，其中有三个禁卫步兵团，普列奥布拉任斯科耶禁卫团（这是俄军近卫军最早的两个团之一另一个近卫团是谢苗诺夫斯科耶禁卫团）、莫斯科近卫龙骑兵团和皇后玛丽亚费奥多萝芙娜团。有意思的是，这种代表着崇高荣誉的符号也出现在了精锐近卫部队的军帽上、子弹袋上，甚至出现在铺在近卫骑兵马鞍下的毛毯上。

在19世纪末到20世纪初，许多俄罗斯团级部队庆祝部队成立100年或150年。作为其部队悠久资历的一部分，采用的这种最高级勋章的要素标识来作为自己精锐部队的标识，主要是胸章，其核准要由沙皇或战争部长批准。

相关链接

XIANGGUAN LIANJIE

颁发情况

第一位获得圣安德烈·佩尔沃兹万内勋章是于1699年3月10日由著名元帅、外交家戈洛文获得，他是彼得一世的亲密支持者，具有伟大和杰出的军事和外交才能。戈洛文为了俄罗斯的利益与中国签订了《尼布楚条约》，明确规定了中俄东段边界。条约签订后深得俄皇彼得一世的宠信，并获得海军上将、陆军元帅、伯爵等头衔，他死于1706年，他获是的海军上将军衔，在十月革命前也只有6人获得这个海军最高军衔。

第二位勋章获得者是乌克兰盖特曼马泽帕，1700年2月8日彼得一世亲自将此勋章授予到他的手中，这位盖特曼在1708年于北方

→戈洛文

← 马泽帕

战争中投靠了瑞典人。

1701年第三枚勋章授予了驻俄罗斯大使普鲁士王子路德维希，他也成为首位获得这一俄罗斯帝国最高勋章的外国人士。

第四枚勋章于1701年12月30日，因为战胜瑞典人而授予了一位俄国元帅舍列梅捷夫，他在俄罗斯帝国奖赏系统中的另一勋章，位置为第二最高等级的圣叶卡捷琳娜勋章设立中重要事件——普鲁特河远征中任总司令。

第五枚勋章于1703年授予了撒克逊首相。